長浜市創生論

梅本博史

東京図書出版

長浜市創生論◇目次

1　人口減少は死活問題！　人口増への処方箋

コロナ禍で東京一極集中が終わるという淡い期待

2020年、新型コロナウィルスの下においても市町村の首長選挙は予定通り行われてきました。ただし、ソーシャルディスタンスの考えから選挙のやり方は大きく変わり、インターネット上での候補者討論会が行われることが一般的になってきました。その地域に居住していない私たちもユーチューブで他地域の討論会を視聴することができ、それぞれの市町村でどういうことが議論されているかがよくわかります。

東京圏にない市町村のほぼ全ての候補者が嘆いているのは人口減少の問題です。少子高齢化が進み、地方行政のサービスが低下することが余儀なくされます。日本の現状は東京圏の一極集中化が加速しており、東京圏以外の多くの地方都市の人口が減り、経済が縮小しているのです。

候補者討論会で決まって候補者は次のようにアピールします。「コロナ禍において地方都市にとって唯一希望が持てるのは、企業がリモートワークの可能性に気付いたことです。それにより我が街にも都会で働く多くの人たちを移住させることができます」。東京へのアクセスのよい都市の候補者が主張するのならわかりますが、北海道や沖縄の市町村の候補者や山間部の町村の候補者までも判で押したように同じ主張をしています。「我が街は○○空港に近いから東京の人たちも移住してリモートワークしてくれる可能性がある」と言うのです。飛行機で東京に行かなければいけない土地に、東京をベースにしたビジネスマンが、オンラインがあるからといって移住するでしょうか？　パソナの本社が淡路島に移転するそうですが、大企業のオーナーが決断しない限り、現実的には難しいと思います。

東京都の人口は政府の東京一極集中是正の政策の甲斐もなく、増加し続けてきました。しかしコロナ禍の令和2年6月1日の東京都の人口は推計で1399万9568人となり、前の月よりも3405人の減少が見られました。同じ期間、神奈川県は4566人減少、千葉県は622人減少、埼玉県は691人減少しました。コロナによる東京圏の人口が減少したことは事実です。ですが、これが一時的なものなのか、継続的に続くものなのかはコロナの影響がなくなってからでないと断言はできないと思います。

どの地方都市にとっても他市町村から移住者を迎え入れたいということは一致しています。つまり、地方都市間の移住者を獲得する競争状態にあると言えます。

人口を増やすには子供を産んでもらう、長生きしてもらう、他市町村に流出しないようにする、移住してもらう、この方法しかないのです。

このまま人口が減少して、財政が破たんする可能性のある市町村もあり、人口減少は死活問題となっているのです。

このままでは本当にやばい！　長浜市の人口減少

長浜市は平成の大合併で２００６年に東浅井郡浅井町・びわ町と合併、さらに２０１０年に東浅井郡虎姫町・湖北町、伊香郡高月町・木之本町・余呉町・西浅井町を編入しました。面積は６８０・７９㎢と広くなり、滋賀県で２番目の広さになりました。これは東京23区よりも広い面積です。

人口は最新の国勢調査が行われた令和２年10月１日の仮数字で11万７１１６人（世帯数４万６５２５、男性５万７３９８人、女性５万９７１８人）です。前回の国勢調査が行われた平成27年の人口は11万８１９３人ですから、徐々に減少しています。

平成２年	平成７年	平成12年	平成17年	平成22年	平成27年	令和２年
121,481	122,415	123,862	124,498	124,132	118,193	117,116

長浜市が作成した「長浜市人口ビジョン」に現状の人口問題の解決方法が書かれています。国立社会保障・人口問題研究所の予測数値によると２０４０年には10万人規模になってしまいます。

人口10万人を割ってしまうと一体どうなるのでしょうか？　人口が減れば当然市の歳入が減ります。そうなると歳出は減らさなければなりません。では10万人の人口になれば、どれくらいまで減らさなければいけないのでしょうか？

左の表は長浜市の平成23年から30年の歳入と人口です。この期間の一人当たりの歳入金額は平均で４７４千円です。同じような傾向

2013年と2018年の国立社会保障・人口問題研究所による将来推計人口の比較

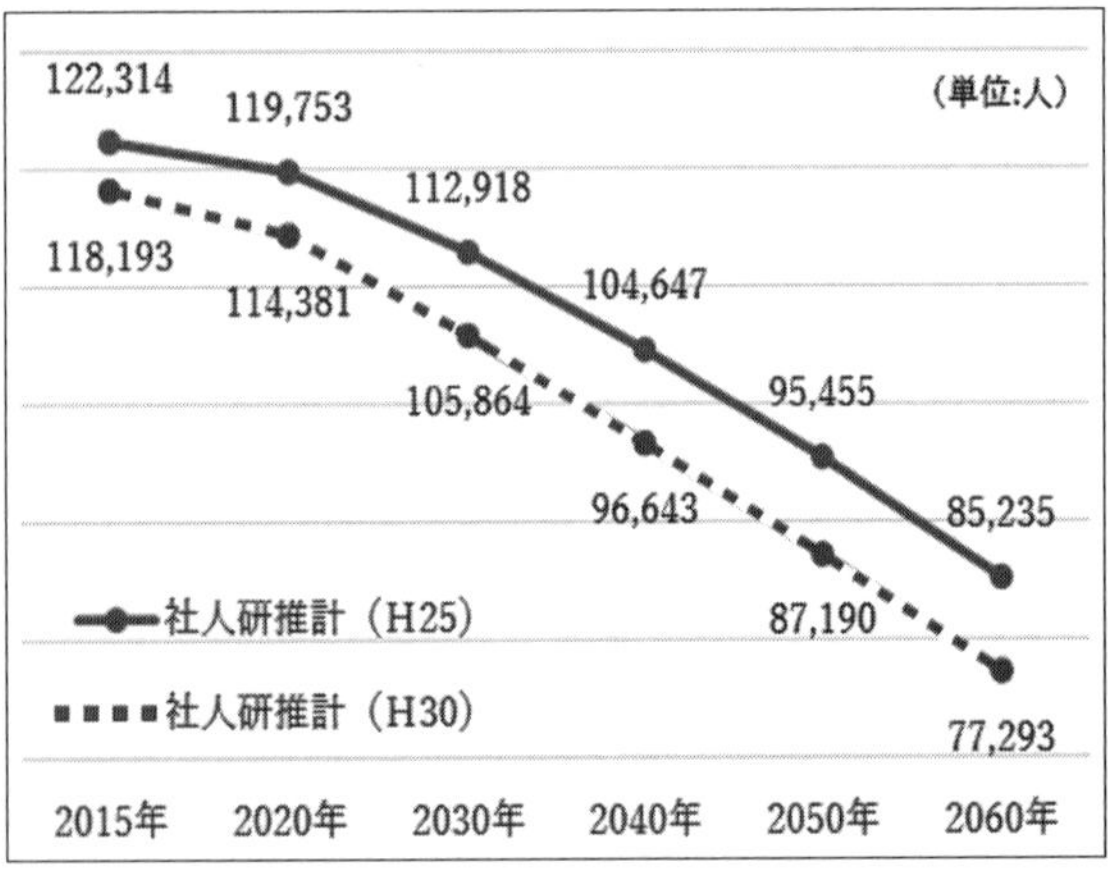

が続けば人口が10万人になれば４７４億円と予想できます。

この数値を検証するため同じような規模の市と比較してこの歳入額が妥当か見てみましょう。同じような人口の市でも東京や大阪などに近い人口密度の高い小さな都市では比較対象になりません。６８１㎢と滋賀県で２番目の面積である長浜市とほぼ近い面積のある市を参考にすべきと考え、長野県飯田市を見つけました。

長野県飯田市は面積が６５８㎢で平成30年に人口が10・２万人で、長浜の人口が10万になった時に近い市です。平成30年の飯田市の歳入金額を調べてみました。飯田市は平成30年の歳入は４５８億円で、先ほどの予想歳入額とほぼ同じです。

平成23～30年　長浜市人口と歳入の関係

金額単位：千円

	歳入	人口	１人当たり
平成30年	59,006,168	118,125	500
平成29年	56,602,785	118,808	476
平成28年	55,186,533	119,748	461
平成27年	55,697,632	120,595	462
平成26年	58,717,313	121,532	483
平成25年	60,717,570	122,310	496
平成24年	57,960,506	123,335	470
平成23年	55,584,295	124,695	446
合計	459,472,802	969,148	474

平成30年の長浜市の経常収支比率は91・1％でした。この経常収支比率とは義務的に発生する歳出が一般財源に占める割合です。大雑把に言えば平成30年の歳出590億円の9割は固定的に支払わなければならない歳出です。つまり現在と同じ公的サービスを続けていくのであれば531億円は必要で、人口10万人の時の474億円の歳入に対して57億円の赤字になってしまいます。

さらに「長浜市人口ビジョン」によると、「2060年の人口規模8・8万人を維持して人口減少しても持続できる市にする」とあります。

国立社会保障・人口問題研究所の予測数値によれば、2060年は悪い方の予測では7・7万人になるというのです。そこを8・8万人までにとどめよう、という趣旨のようです。8・8万人ですと400億円程度の財政規模です。今のままのサービスでは赤字となり市でも倒産してしまいます。増税しない限りは歳出を減らさなければいけません。そうなると現在市が提供しているサービスの質を落としていかざるをえないのです。

さらに長浜市の公共施設等総合管理計画を見ると、このままの人口減が続くと現状の市庁舎、学校・保育園など公共建築物や道路や橋などのインフラ資産の維持管理は不可能で、それぞれ3割以上の削減が必要とされています。人口減少と高齢化が進めば市の財政は徐々に破綻の道に追い込まれるかもしれません。

甘い！　長浜市の人口増加計画

「長浜市人口ビジョン」には人口減少を抑えるため次のような基本方針が書かれています。

①三大都市圏及び滋賀県南部への人口流出の抑制
まち・ひと・しごと創生総合戦略が示す「東京一極集中の是正」という基本的視点や、滋賀県南部の各地域への転出超過の状況を踏まえ、本市に住み、働き、豊かな生活を送りたい人を増やし、その希望をかなえられる社会環境を実現する。

②若い世代の就労、結婚、「妊娠・出産・子育て」の希望実現
将来にわたって安定した人口構造を維持していくため、若い世代、とりわけ子育て世代の転出超過の状況を踏まえ、これらの世代が本市で安心して就労し、希望通りに結婚し、妊娠・出産・子育てすることができる社会環境を実現する。

③地域の経営資源を生かした課題解決と地域活性化
人口減少が不可避である現実を踏まえ、人口減少に伴う地域の変化に柔軟に対応し

つつ、民間を含めた経営資源を最大限利用し、地域が直面する課題の解決を図り、市民が将来にわたって安全・安心で心豊かな生活を営むことができる都市を構築する。

そして四つの基本目標として、次のことが挙げられています。

①産業振興により「活力あるまち」を創造します
重要業績評価指数（ＫＰＩ）　６次産業化施設等誘導企業数、観光消費額
②地域資源を活かして「魅了するまち」を創造します
重要業績評価指数　関係人口登録者数、40歳以下の移住件数
③子育て世代から「選ばれるまち」を創造します
重要業績評価指数　待機児童数、子ども芸術体験アウトリーチ数
④時代に合った都市をつくり「安心して住み続けたいまち」を創造します
重要業績評価指数　健康づくりに取り組む市民の増加、文化福祉プラザ来館者数

これを読むと抽象的で現状の施策をそのまま延長しただけの提案と見受けられます。具

体的施策も目新しいものは全くありません。

特に最も重要な産業振興がどれくらい進捗したかという重要業績評価指数（ＫＰＩ）が６次産業化施設等誘導企業数、観光消費額等とあったのはお粗末です。市が考えた小谷インターチェンジの６次産業化と観光客誘致をしていれば市の産業が振興すると本気で考えているのでしょうか？

「時代に合った都市をつくる」については人口の数値目標が２０２５年に11・４万人とありますが、11・４万人は２０２１年のうちには到達してしまいます。

長浜市にとっては何度も言うように人口減少問題は死活問題です。それにもかかわらず、いずれもお粗末な政策です。のんきに８・８万人にまで減少するというのではなく、人口がＶ字回復するほどの提案がされるべきです。

そうでなければ、人口減少を抑える政策ではなく、人口減少に財政が耐えるためにどのような市のサービスや市の職員の人件費を削って４００億円以内の歳出で抑えられるかという提案をすべきです。

ざっくり言えば人口が一人減れば年間４７４千円の歳入が減り、固定的にかかる歳出は９割ですから４２６千円の経費を削る必要があるのです。

働ける人が減って税収が激減!?

左の表は平成22年から平成27年の5年間の旧地域での人口減少の動向です。人口減少は長浜市全地域で起こっています。中心市街地の旧長浜市は減少率は最も低いですが減少数は一番多いです。旧木之本、旧余呉、旧西浅井の北部の人口減少は著しいです。全市を挙げて人口減少は大きな問題になっています。

年齢別人口を見ると、年少人口率（15歳未満）は13・9％であり、全国平均12・6％、人口集中部12・8％より高くなっています。しかし、生産年齢人口率（15－64歳）は59・2％であり、全国平均が60・7％、人口集中部62・7％に比べると低くなっています。特に20－54歳では41・5％で、人口集中部の45・9％に比べるとかなり低くなっています。

高齢者人口率（65歳以上）26・8％は、全国平均26・6％、人口集中部24・5％よりもやや高い状況です。

「子供は多いが、働ける年齢の人が少なく、高齢者が多い」のが長浜市の現状です。

高齢者人口の比率が今後も高まることは間違いないでしょう。当然高齢者の納税額は少なく、社会保障費は多くかかります。人口の高齢化の状況では市の歳出額は増えざるを得ません。このままの人口構成が進んで人口10万人になれば、先程の歳入の予想額474億

旧市町村別人口増減

	平成22年	平成27年	減少数	減少率	減少人口構成比
旧長浜	62,961	60,900	2,061	3.3%	34.7%
旧浅井	13,522	12,980	542	4.0%	9.1%
旧びわ町	7,274	6,844	430	5.9%	7.2%
旧虎姫	5,355	4,840	515	9.6%	8.7%
旧湖北	9,052	8,583	469	5.2%	7.9%
旧高月	10,282	9,749	533	5.2%	9.0%
旧木之本	7,797	7,155	642	8.2%	10.8%
旧余呉	3,526	3,142	384	10.9%	6.5%
旧西浅井	4,362	4,000	362	8.3%	6.1%
合計	124,131	118,193	5,938		100.0%

平成27年年齢別人口（全国平均、及び全国人口集中部との差異）

	長浜市人口	構成比	全国平均	同左差異	集中部平均	同左差異
0～4歳	4,833	4.20%	4.0%	0.2%	4.1%	0.1%
5～9歳	5,350	4.60%	4.2%	0.4%	4.2%	0.4%
10～14歳	5,949	5.10%	4.5%	0.6%	4.4%	0.7%
15～19歳	6,097	5.20%	4.8%	0.4%	4.9%	0.3%
20～24歳	5,234	4.50%	4.8%	-0.3%	5.2%	-0.7%
25～29歳	5,960	5.10%	5.1%	0.0%	5.5%	-0.4%
30～34歳	6,416	5.50%	5.8%	-0.3%	6.2%	-0.7%
35～39歳	7,514	6.50%	6.6%	-0.1%	7.0%	-0.5%
40～44歳	8,542	7.40%	7.7%	-0.3%	8.2%	-0.8%
45～49歳	7,428	6.40%	6.9%	-0.5%	7.3%	-0.9%
50～54歳	7,066	6.10%	6.3%	-0.2%	6.5%	-0.4%
55～59歳	6,906	5.90%	6.0%	-0.1%	5.7%	0.2%
60～64歳	7,624	6.60%	6.7%	-0.1%	6.2%	0.4%
65～69歳	8,376	7.20%	7.7%	-0.5%	7.3%	-0.1%
70～74歳	6,876	5.90%	6.1%	-0.2%	5.9%	0.0%
75～79歳	5,727	4.90%	5.0%	-0.1%	4.7%	0.2%
80～84歳	4,899	4.20%	3.9%	0.3%	3.5%	0.7%
85～89歳	3,292	2.80%	2.5%	0.3%	2.0%	0.8%
90～94歳	1,598	1.40%	1.1%	0.3%	0.8%	0.6%
95～99歳	405	0.30%	0.3%	0.0%	0.2%	0.1%
100歳以上	71	0.10%	0.0%	0.1%	0.0%	0.1%
	116,163					

円をもっと割り込むことが十分に予想されます。

給食費無償化はいつまで続けられる？

長浜市では人口の自然増を図るための、子供を産んでもらう、長生きしてもらうことへの政策は十分に行われていると思います。満足度もある程度高いと思います。市で満足度調査を毎年行っていますが、決して悪い数値ではありません。

長浜市は以前から住みやすい市として高く評価されてきました。長浜市は子育て支援に対して積極的に取り組んでいます。認可こども園の増設は他市町村に比較してもかなり進んでいます。さらに小学校における給食の無償化という他市町村にはなかなか無い支援制度も行っています。

さらに高齢者福祉についても長浜市は細やかな支援をしており、そのような社会福祉政策が住みやすい市として評価されてきたのだと思います。

しかし、このような手厚い社会保障も市の歳入が減ればサービスの質を落とさなければなりません。小学校における給食費の無償化などは廃止せざるを得ない可能性があります。

そもそもサービスとは絶対的評価ではなく、相対的評価でされます。近隣のAとBのコンビニが2店とも夜8時で閉店するのであれば何とも感じないのですが、Aが24時間営業を始めると、Aのサービスが良く、Bの方がサービスが悪いと感じられます。そしてBも24時間営業を始めてしばらく経てば24時間営業が当たり前になって、客はAもBもサービスが良いとは感じなくなります。

年数が経てば多くの市民が給食の無償化は長浜市の特別なサービスであるとは感じなくなるでしょう。他市で子育てをしたことのないほとんどの市民が他市では有償であることも知らなくなるでしょう。そしてもし有償になればサービスの質が落ちたと感じるでしょう。市は非難されるのを恐れて廃止はできなくなるでしょう。

しかしこの給食費無償化は年間4億5千万円もかかっている政策です。人口減少に歯止めがかからなくなり市の財政が逼迫してきたら真っ先に削減されるかもしれません。

長浜市の市民税の納税者は約6万人です。4億5千万円の給食費は納税者が一人年間7500円、月々625円支払っていることになります。月625円の税金を子供たちのために今後も支払っていこうというコンセンサスが得られれば継続していけばいいですし、財政的に逼迫してきたらその時は市民税を増税させていただきます、それでも継続しますねという了承が必要です。

私は何も給食費無償化に反対というわけではないのですが、わかりやすいため例に出しています。同じように行政サービスや公共投資が増えたら、その時はそのサービスを負担する税金が増えても市民みんなのためにやりたいですか、という考え方を持つことが必要だと思います。

ライバル市に勝たないと人口の社会増はない

それでは社会増により人口を増やす、つまり、他市町村に流出しないようにする、移住してもらうのはどうでしょう。

２０１３－２０１７年の４年間で長浜市からの転出数は１万６４３２人で、転入数は１万４０６３人と転出数がやや上回っています。特に彦根や草津、守山などへの転出が多いようです。転入の方が上回っているのは北陸３県と米原市からだけで、それ以外はほぼ全て転出が上回っています。

移住の誘致は他市との競争です。どの市町村でも移住してもらった場合は補助金を付けるなど、移住誘致のために手厚い支援をしています。長浜市でも空き家対策を加えても交

転入・転出の状況（2013-2017）

総転入数：14,063人
（県内4,821人、県外9,242人）
総転出数：16,432人
（県内5,967人、県外10,465人）

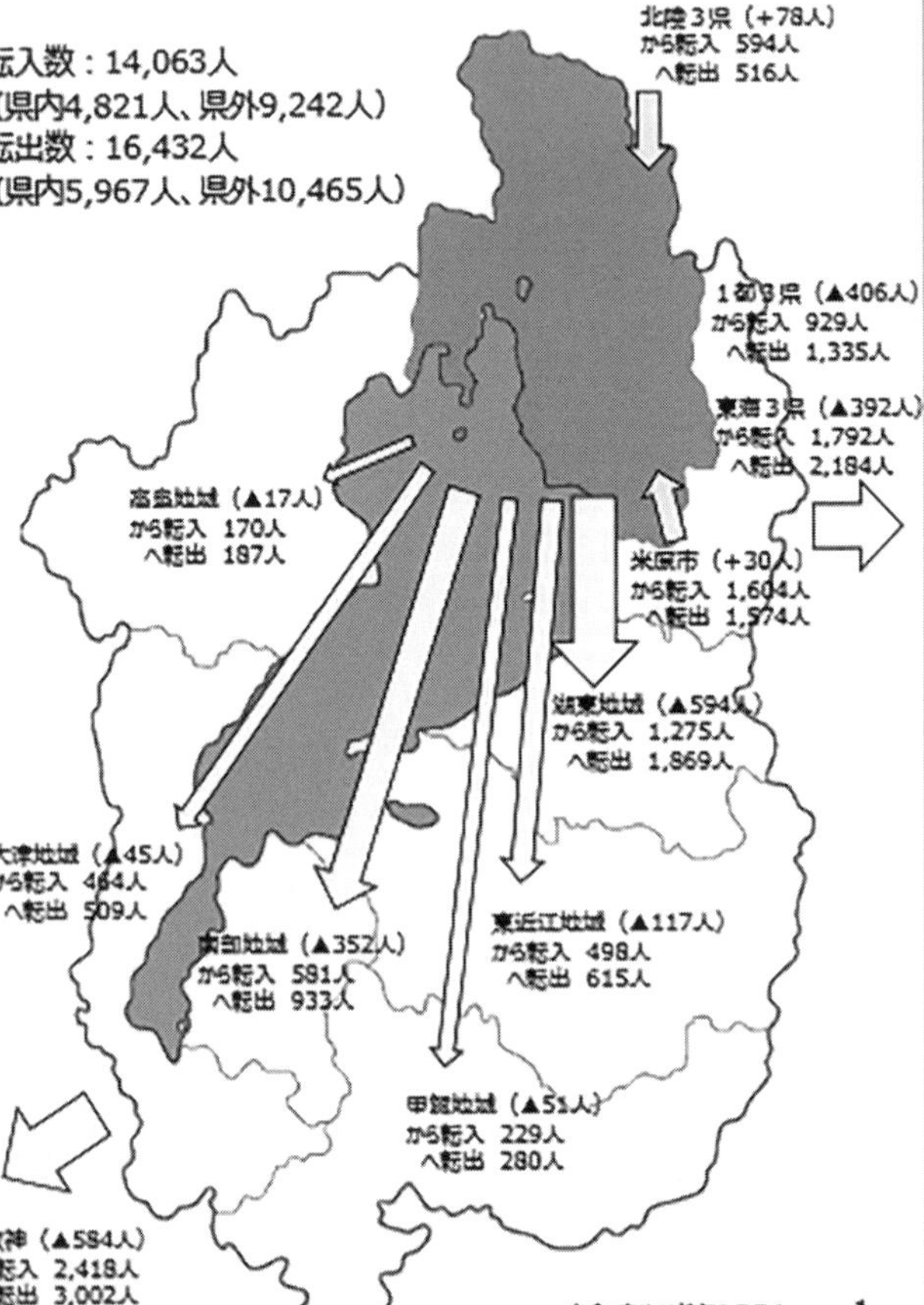

出典：市住民情報システム　1

通の便だけで言えば県の南部の市には負けてしまいます。

大阪、京都の会社員を誘致するのが難しければ企業誘致が考えられます。滋賀県は製造業が多く、名神高速沿いには大企業の工場が多く誘致されています。しかし、企業誘致も他市との競争で、名神高速道路や国道1号線沿線の市には立地面で勝つことは難しいです。

社会増を図るには若者の仕事、しかも魅力のある仕事ができる市にならないと若者は住み続けないでしょう。高校を卒業したら長浜を出ていき、帰ってこなくなって減っていきます。

私は長浜小学校・長浜西中学校から虎姫高校に行き、早稲田大学に進みました。それからはずっと母親を長浜において他市

■「住みよさランキング」近畿編

ブロック内順位	都市名（都道府県名）	偏差値	全国総合評価（順位）
1	大阪（大阪）	53.5498	22
2	葛城（奈良）	53.2091	31
3	草津（滋賀）	53.0742	34
4	箕面（大阪）	52.7919	44
5	御坊（和歌山）	52.4184	65
6	吹田（大阪）	52.3198	69
7	池田（大阪）	52.2665	75
8	栗東（滋賀）	52.1283	83
9	彦根（滋賀）	52.1101	86
10	京都（京都）	52.0150	89
11	神戸（兵庫）	51.8944	97
12	豊中（大阪）	51.8447	100
13	福知山（京都）	51.5630	131
14	守山（滋賀）	51.5329	133
15	新宮（和歌山）	51.5249	135
16	赤穂（兵庫）	51.3295	154
17	三田（兵庫）	51.3086	156
18	木津川（京都）	51.2627	162
19	京田辺（京都）	51.2452	165
20	宮津（京都）	51.0899	184

TOYOKEIZAI ONLINE

出典：東洋経済新報社「都市データパック2020年版」

や東京で生活してきました。大学を出て地元に戻って就職しようにも、継ぐ実家がない限りは公務員くらいしかないのです。私はカネボウに就職しました。大学卒業のころは長浜に鐘紡工場がありましたので、カネボウに入れば場合によっては長浜に戻ることも可能だろうなと考えていました。しかし数年後に鐘紡長浜工場は無くなってしまい目論見が外れてしまいました。

虎姫高校を卒業した同級生も皆、ほぼ他市で仕事をしています。実家が大きな商売をされている人以外は皆長浜には戻ってきておりません。

下の表は全国的な調査ですが、地方出身者が東京から地元に戻らない理由

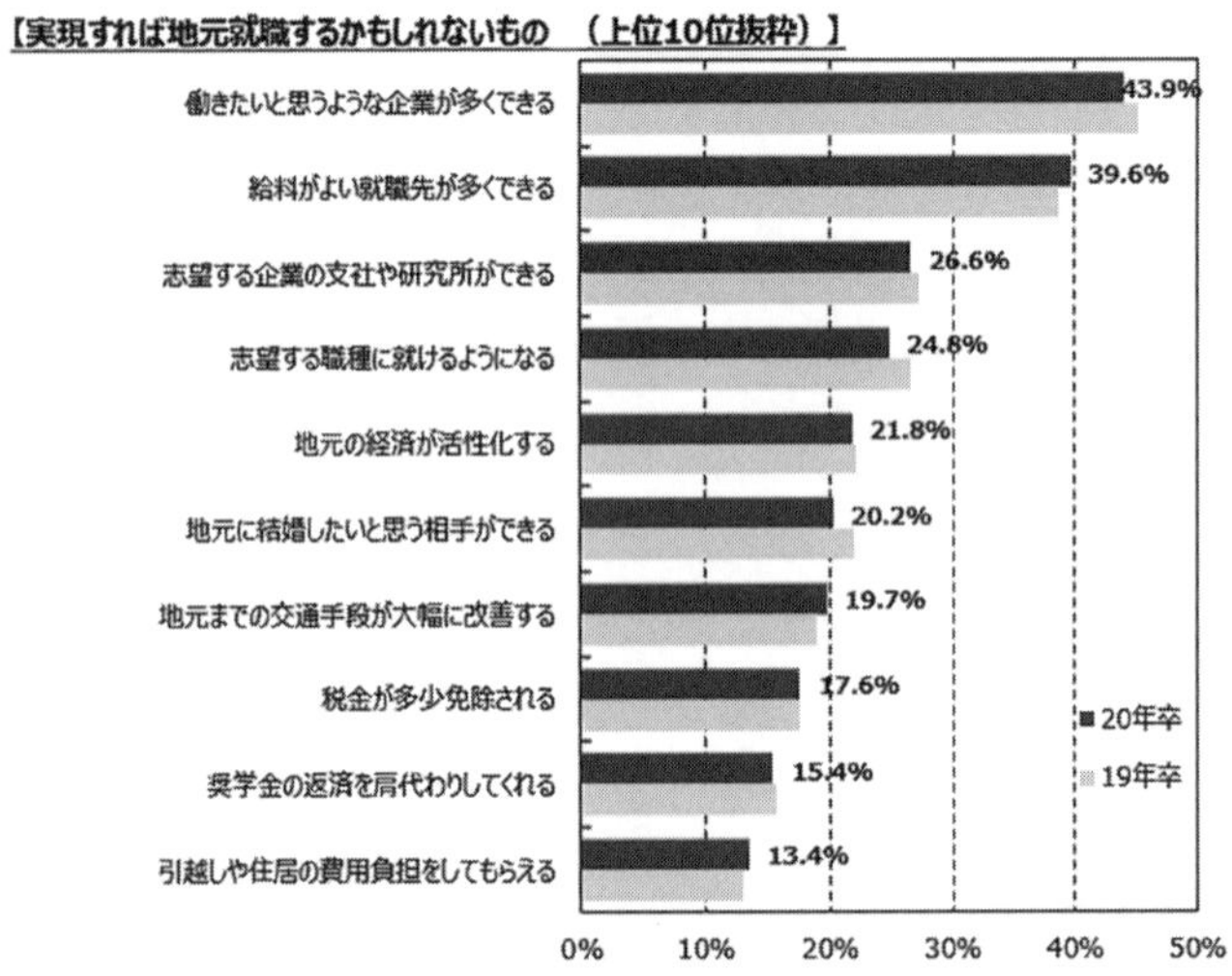

2020年卒マイナビ大学生Ｕターン・地元就職に関する調査

（株式会社マイナビ調べ）

は地元に働きたい仕事がないからで、もし地元に魅力のある仕事があれば戻りたいという意向は持っているようです。

人口を増やすには長浜を若者にとって魅力のある仕事ができる市にする必要があります。これが長浜市創生の処方箋です。それには東京に負けない、東京から仕事を奪える市にならなければなりません。

東京と長浜では圧倒的な人口の差があります。1400万人と11万人。常識的にはこの人口の差によって都会には絶対に勝てないのです。しかし、インターネットが普及したICT（Information and Communication Technology：情報通信技術）の時代では不可能ではなく、勝てる方法があるのです。

2　若者が魅力を感じる仕事を創造して都会に行きたくなくさせる

ＩＣＴを活用して東京に勝つ！

菅首相は総務大臣時代にふるさと納税の設立に尽力し、都会から地方に税金が回る仕組みとしてふるさと納税を作りました。しかし、どうでしょう？　ふるさと納税は申込の手順が難しく、納税を容易にするサービスとしてふるさと納税サイトを通して申し込む方がほとんどです。そのふるさと納税サイトを運営する、「さとふる」や「ふるさとチョイス」などの上位の会社は全て東京都にある会社です。結局、地方を活気づける政策といってもその儲けの一部は東京の会社が搾取し、東京近郊の雇用が増え、東京都に税金が落ちるのです。

ネットで何か商品を買おうとします。ネット広告を見て、ヤフーで検索して、楽天市場で商品を見つけて、ＪＣＢで決済、ヤマト急便が届けてくれる。この間のサービス、つまりネット広告、検索サービス、プロバイダー、クレジット、宅配を行っているのは全て東京にある会社です。地方に売上が立つとすれば楽天の店舗が地方の会社だった場合くらいのものです。

しかしこれらの会社は別に東京にある必要はありません。ICTの時代ではどこにあっても全国に同様のサービスを提供できるのです。これらの会社が東京にあるのは最初に東京で生まれたからです。東京の方が色々な人材がおり、様々な情報がありますから東京で起業しやすいのです。

ICTに関する情報は既に誰でも入手できるようになっています。ICTを使って起業することは地方都市でも容易です。現に地方でICTを使ったビジネスを起業する会社はどんどん増えています。

「情報」は大変重要です。田舎には情報が不足しており、そこが東京との違いです。今はインターネットで様々な情報が手に入りますが、情報を持っている人と接点を持ち、そういった人たちと情報を分かち合うことで新しい価値が生まれてきます。

私の高校時代の話をします。高校3年生の時にクラスメイトだった「かわ重」の川村くんが夏休みに東京の予備校に行かないかと誘ってくれました。川村くんのお兄さんが当時明治大学に行っていたので誘ってくれたのです。1カ月の間東京の早稲田ゼミナールという予備校に通いました。宿泊先は全国から受験生が集まった旅館でした。そこで私は初めて東京という世界を見て、他県の受験生と交流しました。その1カ月を東京で過ごすことで受験勉強の仕方を学びました。東京で過ごした1カ月で私は大変にモチベーションが上がり、2月の試験まで東京で覚えた独自の勉強法で必死に勉強しました。当時の虎姫高校は全員が国立大学を目指すのが前提で9科目の勉強をさせられていました。しかし私は夏休みの間に早慶に入ることを目標として私立受験の3科目に完全に絞りました。学校のいうことを聞かず、高校の授業も残りの6科目を捨てて3科目に集中しました。そして早慶に合格することができました。運も良かったですが、合格できたのは田舎の高校では教えてもらわなかった受験方法という「情報」を得ることができたからだと思います。

ただ、大学に入ってからは就職に関する情報を十分に取得しなかったので、その後の自分が選んだ道が正しかったのかは疑問に思っています。私はその点は後悔していて自分の娘たちには私の持っている「情報」を与えたいと思っていました。私は田舎育ちで「情報」が乏しく、またコネもなかったので、どのように人生を歩んでいいかわかりませんでした。ですが娘の場合は親の私がすでに東京で「情報」の集め方を身につけていたので彼女らを応援してあげようと思いました。長女は芸能事務所でマネージャーをやりたいという希望を持っていました。私は自分の「コネ」や「ツテ」を使ってその業界の「情報」を集め、どうすればその業界に就職できるか探りました。そして彼女は希望通りの事務所に入社できました。現在、娘が育てた芸人たちが何人も活躍しています。娘には私という「情報」を持ったアドバイザーが身近にいたのでやりたい仕事にうまくつけたのだと思います。

子供にとって「情報」を持った大人が近くにいることは大事なことです。よく成功したミュージシャンの体験談などを聞くと、子供のころに音楽に精通した身近な人がいて色々教えてもらったからという話を聞きます。もちろん才能も大事ですが、それよりも身近で「情報」を得られる環境にあることが重要なことであると思います。

長浜市において東京に対抗できるようなＩＣＴビジネスを育てていくには、政策的に「情報」が集まるような場を形成して、情報を持った者同士が情報を与え合うような環境を作れば東京に負けない新しいビジネスを生み出せると思います。

長浜で若者が憧れる職業になる！

長浜市でどんなビジネスの創造を支援すべきかというと、若者が就きたいビジネスを長浜でできるようにすることです。

下はソニー生命が調査した２０１９年の「中学生がなりたい職業」です。男子中学生６位の「プロスポーツ選手」は現状では長浜市では職業には就けませんが、それ以外の職業であれば長浜でも環境を整えれば可能です。女子中学生では９位の「動物園や水族園の飼育員」は長浜では難しいですがそれ以外はどれも可能です。男子９位、女子1位の「芸能人」についても、現在は難しいですが今後は地方都市から輩出する可能性もあります。ユーチューブなど動画投稿サイトから芸能人がでることも珍しくなくなったからです。

私はアーティストでは藤井風さんが好きです。彼は岡

◆将来なりたい職業［複数回答形式（3つまで）］※中学生の回答結果を表示

	男子中学生（n=100）	%
1位	YouTuberなどの動画投稿者	30.0
2位	プロeスポーツプレイヤー	23.0
3位	ゲームクリエイター	19.0
4位	ITエンジニア・プログラマー	16.0
5位	社長などの会社経営者・起業家	14.0
6位	公務員	9.0
	ものづくりエンジニア（自動車の設計や開発など）	9.0
	プロスポーツ選手	9.0
9位	歌手・俳優・声優などの芸能人	8.0
10位	会社員	7.0

	女子中学生（n=100）	%
1位	歌手・俳優・声優などの芸能人	18.0
2位	絵を描く職業（漫画家・イラストレーター・アニメーター）	16.0
3位	医師	14.0
4位	公務員	12.0
	看護師	12.0
6位	ショップ店員	11.0
7位	YouTuberなどの動画投稿者	10.0
8位	文章を書く職業（作家・ライターなど）	9.0
9位	動物園や水族園の飼育員	8.0
10位	教師・教員	7.0
	デザイナー（ファッション・インテリアなど）	7.0
	美容師	7.0

（ソニー生命調べ）

山の田舎町在住で、バリバリの岡山弁です。中学の時に父親から「これからはユーチューブや」と言われてずっとユーチューブにピアノ動画を配信してきました。現在23歳ですが中学生の時の動画も残っています。英語もペラペラなので海外でも人気があるようです。東京でコンサートもしますが、チケットは武道館でも即完売です。メジャーデビュー前のミュージシャンがチケット完売したのは快挙です。今までは人気アーティストになるには東京に行かなければなれませんでしたが、ユーチューブにより地方にいても世界に通じるアーティストになるのが可能になりました。

このような仕事に就くための「情報」を私たち大人が準備してあげて、その夢を醸成するのをサポートしてあげることで、その職業が長浜に居住していてもできるようにしてあげればいいのです。

「情報」が重要であることを理解するのに最もわかりやすいのは、男子中学生2位の「プロｅスポーツプレイヤー」です。ゲームに勝つための攻略や戦法を熟知した者同士が「情報」を持ち寄って集って訓練することで実力が強化されるのです。このような場を長浜で作っていきたいのです。

これらの仕事をよく見ると、「公務員」「会社員」以外はほとんどが自由業です。若者の常として華やかな世界に魅力を感じることはよく理解できます。東京には「ミュージシャン」「役者」「芸人」などに憧れて上京して、チャンスを狙って普段はアルバイトをしている若者が多くいます。東京の物価は高く、家賃は5万円以上しますから生活するには最低でも年収200万円は必要です。それだけの年収を稼ぎながら夢を追いかけていくことは容易なことではありません。そのほとんどが夢破れ地元に帰るか低賃金の常勤の仕事に就くことになります。

長浜で自分の夢を追いかけられるのならどうでしょう。物価は安いのでもっと低い年収でも十分生活できます。損益分岐点が東京よりも圧倒的に低いのが有利な点です。

そして長浜で自由業の人たちが好きな時間だけで稼げるような仕事を官民でたくさん設けていくのです。そうすることで夢と生活を両立することができます。週に2〜3日だけ働けるビジネスを積極的に作っていくのです。つまり「やりたい仕事」と「稼ぐ仕事」を兼業することで夢を追いかける期間を延ばしていくのです。

この兼業的な仕事は子育て主婦や高齢者にも仕事の機会を与えることができます。会社員でも借金や起業のためにもっと稼ぎたい人にとってはありがたい仕事です。失業者に対するセーフティネットにもなります。

夢と生活を両立できる長浜市を作れば、他の地域の若者も移住してくるに違いありません。このような方法であれば人口を増やしていけるはずです。

中学生たちがなりたい職業としてあげたものの多くは、成功すれば大きな収入を得ることができる職業です。若者たちの夢を地域が支援して、成功の暁には長浜に多くの税金を落としてもらいます。また互助の精神で成功した者はまだ道半ばの仲間を助けてあげます。よく成功した芸人が食えない芸人の面倒を見てあげているのはそういうことです。

人口増による税収増と新しいビジネスによる税収増を図ることができれば行政サービスをさらに向上させることができます。このようないい循環ができるのが理想です。

地元経済を活性化するには、この「循環」が重要です。地元で生産した産物を地元で使う「地産地消」は地方創生にとって重要なコンセプトです。地元で生産した農産物を地元の人が食べる。地元で切り出した木材で地元の人が家を建てる。地元で再生したエネルギーを地元で使う。こういった地産地消を図っていくことが地元経済のベースを作ります。

さらに他の地域に産出できる競争力のある産物を製造して出荷することが重要です。

3　ユーチューバー、プログラマー、ホワイトハッカーを育てる

長浜で人気ユーチューバーになる！

長浜市の人口を増やすとともに、経済を発展させて税収を上げるためには、若者が魅力を感じられる仕事を生みだすことが必要です。

まず最初の提案は中学生男子に人気第一位のユーチューバーを育てていくことです。なりたい職業に就いてその職業で生活できることが誰しもの理想であると思います。しかもそれが地元でかなえられるのであれば、若者もそのまま地元に残ってもらえます。職業によってはどうしてもその土地ではかなえられない職業もあります。その場合は仕方ありません。でも人気職業になりやすい環境が長浜で整えられれば、地元に定着する若者も多くなりますし、ユーチューバーになる夢がかなえやすいのが長浜であれば長浜に移住してくる人も多くなると思います。

「佐賀よかでしょう。」というユーチューバーをご存知でしょうか？　佐賀在住の若者グループが釣りを行い、その様子を「釣りよかでしょう。」というチャンネルで配信しています。「釣り好きのメンバーが大自然で遊ぶ」をテーマに、バス、渓流、海、船など各種の釣りに挑戦するコンテンツで人気があります。彼らの人気で佐賀の人気も上がって、佐賀を訪れる方も多いようです。

「釣りよかでしょう。」チャンネル登録者数：142万人、視聴回数：9億1726万3209回、動画投稿数：2035本（2020年4月10日現在）。

収入は推定で月収750万円以上はあるといわれています。地方で好きな生活をして高収入を稼ぐ、地方の若者にとっては理想的な生活です。

人気ユーチューバーになると月収100万円以上稼ぐ人も少なくありません。中には年間数億円稼ぐ人もいます。ヒカキンやはじめしゃちょーなど数億を稼ぐユーチューバーやテレビでも人気者になったフワちゃんなどは誰でもご存知でしょう。ユーチューバーは一攫千金の夢のある職業です。

ユーチューバーはいろいろなジャンルで勝負できるのも魅力です。エンタメ系でもキッズ系でも政治系でも、自分の興味のある分野でアウトプットしていけばいいのです。自分の犬の動画をひたすら毎日アップして月100万円を稼ぐユーチューバーもいます。

最近はユーチューブ発で人気アーティストになった人も出てきています。米津玄師などはその代表格です。彼の成功により、地方からでも人気ミュージシャンになれることが証明され、地方で音楽を目指す若者たちが勇気をもらえたと思います。

私は長浜市がユーチューバーを支援する施策を行うことを提案します。

そのためにはユーチューブを制作するための撮影技術や編集技術などの講習会を実施したり、編集を手伝ってくれる塾のような施設を開設します。ユーチューバーの情報交換の場もつくり、どのようにすれば再生回数が増えるかの情報交換の場にします。有名ユーチューバーの講演も行います。ユーチューバーの会社の誘致などを行っていきます。高収入のユーチューバーを誘致すれば企業誘致のように市の税収もアップします。

ユーチューバーの支援は市をあげて行い、市民の応援も貰えるようにします。再生回数の多い動画の市での表彰も行います。

ユーチューバーとして広告収入が得られるのは、動画再生時間4000時間、チャンネル登録者数1000人を超えてからと言われています。長浜市では市公認のユーチューバーに対しては市民がチャンネル登録を積極的に行い、動画を再生することを運動していきます。それにより収益の得られる動画にしていきます。

もちろん、魅力のある動画づくりをしないと市民の登録だけでは何十万人という登録者数を獲得することはできません。しかし、市民の協力によって最初のスタートダッシュをすることができます。

長浜は住みやすい土地ですし、釣りやボートなどの湖での遊びやスキーやハングライダーなどの山の遊びもできる、若者にとっても楽しい場所です。ユーチューバーがそのような遊びを伝えてくれれば市の人気も出ます。歴史系ユーチューバーが長浜市にまつわる戦国絵巻を語ってくれれば歴史好きの観光客も増えます。

外国人ユーチューバーに移住してもらって、その国の人を観光客として誘致してもらうこともしていきたいです。長浜にはブラジルなど南米出身の人たちが多いです。サッカーに目の肥えた南米の方が、Ｊリーガーや日本のサッカー選手を評価する動画を制作したら人気が出るのではないでしょうか。

ユーチューバーには人気者のおばあちゃんユーチューバーもいます。このように市内で面白いコンテンツを作り出せそうな人を探し出し、新鮮なコンテンツを制作していきたいです。ユーチューブはどこにいても自分の個性を表現できるツールです。今後はマスメディアよりも、ユーチューブなどの媒体から全国的な人気が出るようになるのは間違いないです。

動画編集などは専門部隊を作りますので技術のない人であっても参加は容易です。長浜は生活費も低く抑えられる土地ですから、まだ食べていけないようなこれからのユーチューバーにとっては生活しやすいです。稼げないユーチューバーには稼いでいるユーチューバーの編集スタッフとしての仕事を回したり、集積があることでセーフティネットが築けます。

プログラマーを育て、ホワイトハッカーを発掘！

2番目の施策は男子中学生3位の「ゲームクリエイター」、4位の「ＩＴエンジニア・プログラマー」、女子中学生2位の「絵を描く職業」を育てることです。

このような職業に就くためにはプログラミングの技術を取得する必要があります。女子中学生2位の漫画家やイラストレーターやアニメーターなどの「絵を描く仕事」も、今やIllustratorやPhotoshopなどのパソコンソフトを使って描くことが普通なので、その技術もプログラミングに含めます。

２０２０年から全国の小中学校でプログラミング教育が始まりました。現在のところどのようなカリキュラムで運営されるか不透明なところもありますが、長浜市では他市に先駆けてプログラミング教育に力を入れていきます。

ただし、このプログラミング教育は学校が中心に行うのではなく、地域で行っていきます。小中学校では基本的なさわりの部分だけを教えます。プログラミング教育を現行の教師が教えるのは難しいのではないかと言われています。プログラミング教育を受けたことのない教師が付け焼き刃で覚えても、かなり優劣がつくと思います。プログラミングが好きな教師もいれば、苦手な教師も出てくるはずです。プログラミングが好きになれない教師が無理をして教えても効果がありません。効果がないばかりか、その教育でプログラミングが嫌いになって才能がある子供がプログラミングから距離を置いてしまうケースもあると思います。それではその子供が本来持っていた才能を潰してしまいます。

私の中学1年の時のことを話します。当時中学1年生で初めて英語に触れたわけですが、中1の最初の英語の授業の時、クラスのほとんどの生徒が小学校から英語塾に行っていたのを知り、英語塾に行っていなかった自分と数人の生徒だけが既に置いてけぼりになっていたのに気がつきました。私のhaveの発音がおかしいと皆が笑い、先生にもからかわれ英語がすぐに嫌いになり、苦手になりました。私は他の教科は4か5でしたが、英語だけは2か3でした。ずっと英語が苦手で苦労しました。英語は大学受験に絶対必要な科目でしたので、高校に入ってからは何とか独自の勉強法を編み出しました。やっと他の生徒のレベルに追いついたのは高校3年になってからです。他にも先生が嫌いだから嫌いになった科目があります。

現在の小中学校では英語教育に力を入れており、長浜市でも英語教育に大きな予算をつけていますが、私が昔、英語嫌いだったからというわけではないですが、英語教育はそれほど必要でしょうか？ 私は社会人になって英会話も必要と思って英会話教室に通って少しはできるようになりましたが、通訳や外資系企業で働きたい人が特別に勉強すればいいと思います。

プログラミングも同じで全員が覚える技術ではありません。ですが、今後はプログラミング技術を取得できれば仕事の幅は大きく増えて高収入が得られることは間違いないです。身につけたいと希望する生徒には存分に学ばせてあげたいです。

プログラミングを覚えれば、簡単なところではホームページ制作、少し高度になればアプリ制作、セキュリティ技術、ゲーム開発、VR／AR技術など幅広い分野の仕事に繋がります。これこそ今後求められる分野です。

そのための教育施設として市内にプログラミング塾を何カ所か設置します。長浜市には

12校の中学校がありますが、まずは中学校区に1カ所のプログラミング塾を設置します。合併後支所となった旧役場庁舎の空きスペースやまちづくりセンターが使えれば地域の拠点にします。将来的には23校ある小学校の校区毎にまで広げ、受講者が多くなったら分塾します。

市内の高校の近くには必ず設置します。以前は普通科高校には校区がありましたが、現在は校区が無くなっていますから、優秀な市内の生徒が南部の高校に通学することがあります。滋賀県では高校は県の行政下ですが、プログラミングが近くで学べるということで市内の高校の魅力が上がると思います。

高齢者でプログラミングを覚えたい人も大歓迎です。85歳のプログラマー若宮正子さんの存在はあまりにも有名です。彼女は60歳でプログラミングを初めて学んだそうです。高齢者の方も参加して小中学生、高校生などと一緒にプログラミング塾でプログラミングを学んでいきます。高齢者と子供たちの接点を作ることだけでも地域コミュニティーにとってとても重要なことです。

プログラミング塾といってもＨＴＭＬなどの言語だけではなく、ホームページ編集ソフト、動画編集ソフト、Illustrator、Photoshopなどのパソコンソフトも教えていきます。各種パソコン技術を覚えて、仕事を受けられるようになったら仕事も積極的に取っていくようにします。特に長浜市内の企業がホームページ制作やアプリ制作を依頼したい場合はまずは長浜市民で仕事が受けられるようにして、ここでも地産地消を図りたいです。

様々なプログラミング技術の中でもサイバーセキュリティ技術は今後ＩＣＴが進んでいけば重要度が増していきます。ブラックハッカーによって企業の個人情報が盗まれ悪用される事件はよくニュースになります。ＩｏＴが進んで自動車の自動運転技術などが導入されるとサイバーセキュリティはさらに重要になり、この技術なしでは生命の危険や社会の危機にもつながりかねない状況になります。しかもブラックハッカーの手口はますます巧妙に進化していきます。ブラックハッカーに対抗するためにはセキュリティ強化が重要ですが、彼らに対抗するホワイトハッカーの力が必要です。

国家の情報や企業の情報をブラックハッカーから守るホワイトハッカーのニーズは今後ますます高くなります。国防の点から考えても陸海空の兵器と同じくらい重要です。今後数万人規模のホワイトハッカーの需要が見込まれると言われています。

ただ、ホワイトハッカーに適した才能がある者は一握りの者で、大勢の中から才能のある者を見つけだす必要があります。小中学生の中からプログラミングの才能が高い子供も現れるに違いありません。ブラックハッカーを捕まえてみたら小学生だったというニュースは珍しいことではありません。小中学校でのプログラミング教育の中でそのような才能のある子供が見つかったら特別にエリート教育をしていくべきです。

しかし、現行の義務教育の中においてはエリート教育や飛び級をするのはなかなか困難ですが、小中学生からシニア層まで通う学校外の教育であれば才能のある子供はどんどん進んでいってもかまわないので、その才能を伸ばすことができます。

将棋の藤井聡太八段の才能は街の将棋クラブから見いだされました。プログラミング塾は将棋クラブのイメージです。年齢関係なく集う街のプログラミング塾から天才ホワイトハッカーが生まれるかもしれません。

このような環境が整えば、他府県からもプログラミングを学びたい子供たちが家族とともに移住してくるかもしれません。

プログラミングの仕事は派遣先に行くことなく、リモートで仕事が受けられますので長浜から転出する必要はありません。九州のある市では市内にコワーキングスペースを作って、東京からITに関する仕事を受注しています。NPO法人に所属させ当NPOから企業や公官庁に派遣する方法をとります。長浜に居住したままで高収入を稼いでもらえば長浜の税収アップにつなげられます。

長浜市内でブロックチェーンなどでセキュリティが極めて高い空間を形成していけば、

他の地域に移住することがデメリットになるくらいになります。

アフィリエイターになって老若男女で儲ける!

ユーチューバーやプログラマーを育成すると言うと、特別の才能を持った人の仕事で一般の主婦や本業を持った方は参加できないと感じられるかもしれません。簡単なパソコン技術がある方であれば参加できるように「アフィリエイターを育てる」ことも提案します。

アフィリエイトとは、ネットを利用した広告宣伝手法で成果報酬型の広告のことです。ブログなどウェブサイトの閲覧者がウェブサイトに掲載している広告主の商品あるいはサービスなどを購入した場合に、生じた利益に応じて広告を掲載したアフィリエイターに成功報酬を与える一連のインターネット広告手法のことです。一般的に広告主とアフィリエイターの間はA8ネットやバリューコマースなどのASPや楽天やアマゾンなどが繋ぎます。

アフィリエイターの主な仕事はブログを書くことです。ブログの内容は読者の興味を引きそうな内容と商品紹介記事です。商品情報だけではなく、自分が興味のある趣味の事やニュースに関する事も書いていきます。閲覧者に「このブログの人のセンスは私の感覚に合ってる」と思っていただかなくてはなりません。様々な人たちをターゲットにしていくため一人が複数のブログを制作し、ほぼ毎日更新していく必要があります。

よくネット記事などでアフィリエイトで月１００万円稼いだなどと目にしますが、実際は月5万円以下のアフィリエイターが3分の2です。上位のアフィリエイターはチームを作って法人で行っていることが多いようです。

アフィリエイト成功のためにはチームで行っていくことが早道です。ブログの更新状況をチームが管理し、助け合ったりしていきます。アフィリエイトは続けることが大事ですが、一人で行うと挫折しやすいです。チームの方が成功ノウハウが伝搬しやすくなります。先輩が後輩に教えるなどで入会の敷居も低くなります。チームがアフィリエイトで得られた報酬はメンバーの貢献度や成果によってチーム内で分配します。

アフィリエイト部門のチームもプログラミング塾の組織の中に置きます。そうすることでパソコンの使い方などをプログラミングを学んでいるメンバーに訊ねたりすることもできます。高齢者など時間のある方はプログラミングチームとアフィリエイトチームを兼任してもらえばいいです。中にはユーチューバーチームとも兼任する猛者も現れると思われます。

アフィリエイトチームで活躍していただきたい方の主体となるのは主婦の方々です。現在長浜市でも保育所の待機児童の問題や放課後児童クラブの不足の問題などがあります。女性が働き続けるためのサポートは必要ですが、働く女性の中でも収入を稼ぐための目的で子供を預けてでも働きたい人にこのチームで活躍してもらいたいです。アフィリエイトの仕事は基本は在宅でできますので、家で子供の世話をしながらも仕事ができます。子育てのためにもその方がいいはずです。子育てしながらアフィリエイトチームのメンバーとのコミュニティも形成できます。それにより市内の待機児童の問題も緩和できます。

NPO法人（北近江ICT協会）を設立

このユーチューバーの育成やプログラマーの育成、アフィリエイターの育成の事業の運営主体は長浜市ではなく、新たに設立するNPO法人、「北近江ICT協会（仮称）」が行います。これらの事業は収益を求める事業であること、動きに自由度が求められることから行政以外で運営する方が良いと思います。しかし株式会社で運営すると地域の方々から儲け主義で行っていると思われます。また、利益の配当の問題や場合によっては営利的な団体が資本に参入してきて公共性が失われる可能性もあります。

そこで非営利団体であるＮＰＯ法人で行います。ＮＰＯであれば収益の分配も透明性を持って行えます。この北近江ＩＣＴ協会はあくまで地域づくりが目的ですので、得られた収益は地域の活性化のために分配します。

北近江ＩＣＴ協会の運営に携わるメンバーには職員として給与を支払います。事業で大きな収益を上げたメンバーに対してはその貢献度に応じて成果報酬も支払います。非営利団体と言っても職員には通常の会社と同じく給与を支払います。ＮＰＯというとボランティアのイメージがあり無給と勘違いされますが、そういうわけではないのです。団体自身が利益を出さないというだけです。

北近江ＩＣＴ協会は地域づくりが目的ですので、ＩＣＴを駆使した収益事業を行う一方で、地域に貢献する事業も行います。特に自治会との連携を強化します。都会では自治会は形骸化していますが、長浜市ではまだまだ自治会が機能しています。北近江ＩＣＴ協会の事業は地元の自治会と深い連携を図って活動します。プログラミング塾が連携の中心となって地域のニーズに沿った活動も支援します。

つまりインターネット関連事業でたくさん儲けて、市民である職員に多くの給与を支払い、職員が地域に貢献していくというサイクルを形成していきたいのです。収益が大きくなれば職員数は増えていくことになります。この組織がだんだん拡大していくとＩＣＴ技術を持ち合わせていない職員の雇用も増やしていけます。いわば共同体のような存在になります。

またNPOにするのは社会的な信用度を高めることも目的の一つです。できれば認定NPOも取得したいです。認定NPO法人は一般のNPO法人よりも公益性のある団体であると県から認証され、より高い税制優遇を受けることができます。①個人が認定NPOに寄付した場合、寄付金控除が受けられる、②法人が認定NPO法人に寄付をした場合、損金に算入できる金額が拡大される、③相続人が認定NPO法人に相続財産を寄付した場合、寄付をした相続財産は相続税が非課税になる、④認定NPO法人自身が法人税法上の収益事業を行った場合「みなし寄付金制度」による減税措置を利用できる。このように色々な税制優遇が受けられます。特に今まで述べてきた収益事業は全て法人税上の収益事業ですから④はありがたい制度です。また③は過疎地域の未利用公共施設対策や空き家対策にも活用できます。

信用度が高くなると市町村や都道府県や国からの各種補助金を受けやすくなります。男女共同参画の補助金なども申請していけます。

ＩＴ系地域おこし協力隊を全国から集める！

北近江ＩＣＴ協会には市の職員や市内の意欲の高い人からも参加を募りますが、多くは総務省の地域おこし協力隊の施策を通じて全国から参加者を募集します。現在、多くの優秀な若者が地方創生に高い関心を持っています。

募集数は初年度は50名程度、運用がうまく行けば毎年１００名程度を募集します。地域おこし協力隊とは、人口減少や高齢化等の進行が著しい地方において、地域外の人材を積極的に受け入れ、地域協力活動を行ってもらい、その定住・定着を図ることで、地域での生活や地域社会貢献に意欲のある都市住民のニーズに応えながら、地域力の維持・強化を図っていくことを目的とした制度です。

地域おこし協力隊員の活動に要する経費については地域おこし協力隊員１人あたり４４０万円を上限（うち報償費等については２４０万円を上限、報償費等以外の活動に要する経費については２００万円を上限）に補助金として交付されます。この補助金を当政策の財源にします。

現状、地域おこし協力隊は全国的には問題も多く、その原因のほとんどが受け入れる市町村の準備不足、つまり何をやらせるか明確な意図がなかったり、雑用だけを強いるような状況だということです。

今回の北近江ＩＣＴ協会への募集は明確な目的がはっきりしていますし、他地域の募集のほとんどが農村などで働くものであるため、ＩＣＴを目的とした募集ということで他地域との差別性も高く、優秀な人材の応募が期待できるのではないかと思います。

募集の際にはプログラミングなどＩＴ技術のある方を最優先で採用します。プログラミングを教えている専門学校などには積極的に募集活動をします。原則的には半年間程度プログラミングの授業を皆で受けてもらうことにしますので、未経験者でも意欲のある方であれば技術の取得はできると思います。

地域おこし協力隊員には住民票を長浜市に移していただくことが条件です。総務省からの補助は3年間までですが、それ以降も北近江ＩＣＴ協会が収益を上げて長く雇用を続けていけるようにしていきます。

報酬は総務省の基準に合わせて、月額20万円、それに住宅と移動のための自家用車、パソコンを支給します。住宅は空き家を利用しますので市の空き家対策にもなります。

都会の生活に疲れた方にとっては、長浜はとても住みよい街です。月20万円でしかも住宅費無料だと長浜市では快適な生活ができると思います。

成果が上がってくれれば昇給ももちろん考えられます。ご夫婦で移住される場合ですと、ご夫婦各自に報酬を支給できますし、子供さんがおられて仕事が難しい場合でも働き方を工夫すればご夫婦で仕事をしてもらえます。

地域おこし協力隊員へのプログラミング教育はこちらも総務省の地域おこし企業人交流プログラムを活用します。これは三大都市圏に所在する民間企業等の社員が、6カ月以上3年以下の期間、地方自治体において、そのノウハウや知見を活かし、地域独自の魅力や価値の向上等につながる業務に従事するというもので、その費用について補助金が出ます。ICT技術の教育スタッフをこの制度を活用して招聘します。

地域おこし協力隊員の活動で長浜を活気づける

北近江ICT協会の中心となる地域おこし協力隊員（以降、幹部職員）に行ってもらいたいのは各地域のプログラミング塾の運営です。プログラミング塾に集まった地元の方々にプログラミングやアフィリエイト、ユーチューブの動画編集を教えサポートします。本格的なプログラミング以外でもホームページ制作や動画編集ソフト、Illustrator、Photoshopなどのソフトも教えます。

赴任後しばらくは各種プログラミング言語を学んだり、ユーチューブ撮影や編集技術、アフィリエイトのコツなどを勉強してもらいます。講師は地域おこし企業人制度を活用して招聘しますが原則は幹部職員同士で教え合いながら学習していくことになります。半年間で覚えられない幹部職員はその後も仲間同士で助け合い啓発し合いながら技術を身につけていきます。

赴任当初からユーチューブ制作を幹部職員で行っていきます。まずは長浜市の紹介動画から皆で制作していくようにします。まさに「佐賀よかでしょう。」に対抗できるような動画を上げていきます。長浜には釣りやスキー、山の生活、祭りやイベントも多く、ネタは豊富にあると思います。それにより長浜への理解が深まります。メンバーたちの楽しい生活が伝えられれば新しい地域おこし協力隊参加者を募ることも容易になります。

どのような動画が再生回数が増えていくか幹部職員が研究しながら動画の制作方針などを検討していきます。

もう一つの幹部職員の仕事はスマホの操作方法を市民に教えて、スマホを市民の多くが使えるようにしていくことです。特に高齢者でも使えるようにします。幹部職員が自治会レベルでスマホ教室を開催します。市民の多くがスマホを使えるようになると市からの情報伝達や情報収集、特に災害時の連絡、安否確認など様々な利点があります。格安スマホ会社と提携していくのもいいでしょう。教室の開催に協力してくれるかもしれません。

赴任半年程度をめどに各地でプログラミング塾を開設します。中学校区12カ所が最初の目標です。まずは市の広報誌などで塾生の募集をしていきます。プログラミング塾は原則無料で特別講座のみ別途受講料を取ります。

プログラミング塾では、ブログを書いてもらえる人も積極的に増やしていきます。それによりアフィリエイトを行うアフィリエイター候補も募集します。

自分のブログから北近江ＩＣＴ協会が受けたクライアントのウェブページにリンクを貼るだけでも報酬を支払いますし、クライアントのユーチューブの会員にチャンネル登録したり、その動画を閲覧することでも報酬を支払います。

このような活動をして定期的に報酬を得るようになると「会員」から「シルバー職員」に上がります。シルバー職員には5万円程度の定期的な報酬を支払い、さらに成果報酬で仕事をしてもらえるように事業を組み立てます。幹部職員は世話役となり、運営はアフィリエイターたちに行ってもらいます。

このように本部の指示で動いてくれる人たちが1万人以上できると、本部でＳＥＯ対策を事業化することもできます。自分たちがウェブページを制作してＳＥＯ対策をしようとする場合、1万人からの被リンクを受ければ検索上位となるのが容易になるからです。

またユーチューブでもチャンネル登録者数が当初から1万人を超えれば即座に広告収入が得られる対象動画になれます。会員に動画の再生を依頼すれば動画再生回数も上がります。

このような機能を総合化すると広告プロモーションも収入源にすることができます。もっと発展させれば自分たちでオリジナル商品を開発して、自分たちのリソースで広告プロモーションすることも可能です。

このようにネット上での会員化により収益を上げるビジネスモデルを事業化しようとする会社はありますが、どの会社も会員を集めるコストがかかることがボトルネックになっています。

北近江ＩＣＴ協会の強みは、ＮＰＯとしての信用度、地元住民との密着性、さらに非営利団体であるがゆえに収益を参加者に還元しやすいことにあります。このような事業を企業がやろうとしてもその企業の営利目的が垣間見えてはうまくはいかないと思います。また、会員に高い報酬を支払おうとすると株主の反対にあい実現できないでしょう。

自治会がまだ機能しており、隣近所とのコミュニケーションがまだある地方都市だからこそ企画できる施策です。これを東京でやろうとしても絶対にうまくいかないでしょう。つまり地方だからこそできることをＩＣＴ化して東京に対抗していくという施策なのです。

北近江ＩＣＴ協会は目標としては長浜市民11万人のうち、スマホでＬＩＮＥなどＳＮＳで連絡ができる「会員」が5万人、会員のうちモニターに参加したり、ブログを書いてくれる「シルバー職員」が1万人、ホームページ制作などのプログラミングができる「ゴールド職員」が１０００人、ユーチューブに登録会員30万人以上を持つ、あるいはホワイトハッカーの仕事ができる「プラチナ職員」を１００人養成することを考えています。

滋賀大学データサイエンス学部と組んで新しい事業を興す

滋賀大学の彦根キャンパスに２０１９年データサイエンス学部という新しい学部が新設されました。データサイエンス学部はアメリカなど海外では珍しくない学部ですが日本の国立大学では初めてできた学部です。何を主に勉強するかというとビッグデータを分析することです。例えばコンビニなどではＰＯＳの導入によって、どういう商品がどの店舗で何時頃、何歳前後の人が買っているかを掴んでいます。全国チェーンはそのデータが膨大となっています。これがビッグデータですが、これをビジネスに活かすためにはそのデータを解析して、この年代層の多い店舗にはＡという商品を何個くらい品揃えしたほうがいいか、という分析をしていかないとビッグデータの価値が高まりません。しかしその解析をするためには統計分析の専門家が必要です。その専門家をデータサイエンティストと呼んでいますが、データサイエンティストを養成するのがデータサイエンス学部です。

長浜から通える大学ですので、プログラミング塾で学び、プログラミングやデータ解析に興味を持った子供達にはぜひ進学して欲しいものです。ですが、折角全国から滋賀大学にデータサイエンスを学ぶために優秀な学生が集まっても、卒業して東京などの会社に就職してしまうようでは滋賀県は単なる通過点になるだけです。長浜でそのような優秀な学生を受け止めるような事業を興せば滋賀大学卒業後そのまま長浜に居住してもらえます。

現状ビッグデータの解析は過去のデータの分析です。これからは未来に起きることを予想してシミュレーションしていくことが求められると思います。その分析もデータサイエンスの学問が得意とするところです。

例えば、私は毎日缶コーヒーを飲みます。缶コーヒーは毎月のように各社から新しい商品が発売されます。ミルクの入ったもの、無糖のもの、味が濃いものなど色々あります。私はミルク入りで微糖のものが好きです。メーカーはどういったタイプが好まれるのか日々研究していることでしょう。現在、最終決定はたぶん目利きの専門家が行っているのでしょう。

そこで事前に統計上判断しうるという数量の数種類の試作品を用意して、様々な年代別性別にモニター試飲してもらいます。その結果をデータサイエンティストが分析するのです。そうすると、どういう年代の人がどのタイプの缶コーヒーを好むかがわかります。これは企業にとって、とても重要なデータになります。目利きの専門家によらない、データによる結果です。このような調査は飲料メーカーだけではなく、化粧品やトイレタリーのメーカー、各種サービス会社まで様々な分野で求められています。

そのためには試作品の缶コーヒーを飲んで判断してくれるモニターが必要です。そのモニターを北近江ＩＣＴ協会の会員が行います。モニターとして参加してもらえる会員を1万人確保します。そして滋賀大学と組んだ事業会社が企業から受注した商品開発調査のうち、モニターに支払う手数料をＮＰＯである北近江ＩＣＴ協会に支払い、協会からシルバー会員に分配します。長期間試用してもらい経時結果を測定する調査や、医薬品や健康食品のモニターなどになると例えば特定の疾患のある方に試用してもらうなどもでき、モニター参加者には高い報酬を支払います。

メーカーとしても社内にはデータ分析の専門家はなかなかいないので判断がつかない場合があります。それを分析するのが滋賀大学のデータサイエンティストなわけですから単なるモニター調査とは違い付加価値が上がります。

4 「eスポーツ×林業」で全国から若者をバンバン集める

世界で人気急拡大！ eスポーツとは

中学生男子のなりたい職業の2位にプロeスポーツプレイヤーが挙がっています。eスポーツとは、Electronic Sportsの略語で、ビデオゲームを使った対戦をスポーツ競技として捉える際の名称です。広義には、コンピューターを用いて行う娯楽、競技、スポーツ全般を指す言葉です。

昭和の時代は野球選手、平成の時代はサッカー選手、そして令和の時代はeスポーツプレイヤーが子供たちにとっての憧れのスポーツ選手です。野球やサッカーは性別や年齢、体力でハンデがありましたが、eスポーツには誰でも成功できる可能性があります。

現在、オンラインゲームのプレイヤーは世界中で約22億人いるそうです。eスポーツの世界の競技人口は約1億3千万人以上、競技人口以外に観戦、視聴者が3億8千万人、日本でも競技人口は390万人、競技人口以外に観戦、視聴者が160万人いるそうです。

日本はｅスポーツの発祥の地にもかかわらず、海外に比べると競技人口はまだまだ少ないのが現状です。

海外では特にアメリカや韓国、中国が盛んで、世界では年々盛り上がりを見せています。ゲーム業界の動向を分析している世界大手の調査会社Newzooによると、２０２２年にはｅスポーツの市場規模がおよそ18億米ドル（約２０００億円）に達すると予想されています。

スポーツとしても市民権を得始めており、既に国体で正式種目とされ、アジア大会でも正式種目になりました。将来はオリンピック種目としても採用されることは間違いないでしょう。

ｅスポーツは賞金が高額なことでも注目されています。賞金総額30億円を超える世界大会も開催され、16歳の少年が優勝賞金３００万ドル（約３億２６００万円）を獲得したことで、さらに注目を集めました。日本では景品表示法の規制で高額賞金を出せませんでしたが、規制を掻い潜る工夫がされ、日本でも高額賞金の世界大会が開催され始めてきました。

日本でもプロのゲームプレイヤーが何人も出てきて、その技がユーチューブなどで見られ子供たちに人気になっています。高収入ユーチューバーの中にはゲーム系ユーチューバーが多くいます。

長浜市創生のため、プロeスポーツプレイヤーを志す人を全国から集めて育てることを提案します。自分が好きなことをして生活できるような道を作ってあげれば全国から若者がどっと集まることと思います。

そんな夢のような話を実現するのがeスポーツと林業を結びつける施策です。

今後は絶対に儲かる！　林業のこれから

長浜市の森林面積は市の総面積の約55％の3万7289haで、その内訳は、私有林3万2474ha、公有林1518ha、国有林3298haとなっています。川の上流域にある奥山林には、天然のスギを交えたブナやミズナラ林等の豊かな天然林が広がり、琵琶湖の水源として、水源涵養機能を発揮する重要な役割を果たしています。雨が多いため樹木がよく育つという、まさに林業にはうってつけな場所です。

林業は森林の所有と経営の分離、つまり土地の持ち主が森林組合などに森林の管理を委託する形が一般的です。森林組合は土地が自分のものではないため、森林保全や環境保全といった長期的な目線よりも短期的な利益や効率化、簡略化を優先しがちになります。

木材は、「A材」「B材」「C材」の三つに分けられます。「A材」は高齢樹で高品質であるため買い取り価格がもっとも高く、「B材」は主に合板・集成材として使われる木材のこと、「C材」は主にエネルギー材として出荷される低質で最も安い木材のことです。短期的な利益や効率化、簡略化を優先して、現在一般化している「標準伐期50年」によって皆伐をしてしまうと、スギやヒノキにとっての50年はまだ若齢であることから「A材」は少なくなります。そのため「B材」と「C材」ばかりを生産することになり、林業従事者の収入が低くなってしまいます。さらに民主党政権化で森林組合の大規模化を推進したことで、投資金額が大きいにもかかわらず逆に採算性が悪くなっています。

そこで近年は自伐型林業が推奨されています。自伐型林業とは、これまでの森林組合や業者に施業を委託する施業委託型林業と異なり「小規模の限られた森林の永続管理とその森林から持続的に収入を得ていく林業」のことです。山を購入する場合もありますが、山林所有者と「山守契約」をする場合が多いです。

内容は長期的な多間伐施業の施業契約を結びます。ここではお金は発生せず間伐施業実施時に収入の一部を山林所有者と分収する（9対1程度）形です。山林が若かったり、貧弱な場合は、1回目の間伐は山林所有者の取り分はなしとする場合もあります。

1人当たりの適正な管理面積は30～50 ha程度です。未整備林が前提です。

これを10等分して、1年間に3〜5haの弱度（2割以下）間伐施業を実施します。最初の10年は作業道を敷設しながらの間伐になります。施業面積と作業の速い遅いにより、年間日数は変わりますが、余裕を持って作業できるでしょう。

自らの管理で行うことで利益率の高い木材を出荷することができますし、山からの副産物（山菜やジビエなど）による収益も得ることができます。

自伐型林業は小規模ですが、農業に比べても初期投資が少なく、短期間の研修を受けることで事業を開始できるため異業種からの参入のハードルがとても低いです。地域によっては若者が数多く参入しています。自由業や自営業の方が兼業で開始することも可能です。広さや条件にもよりますが年収４００万円以上の収益が得られることが多いようです。農業や自由業との兼業に適しています。

２０１９年、森林経営管理法が施行され、適切な経営管理が行われていない森林について、市町村や林業経営者に経営管理の集積・集約化を行う森林経営管理制度がスタートしました。さらに「森林環境税及び森林環境譲与税に関する法律」が成立し、「森林環境税」（令和6年度から課税）及び「森林環境譲与税」（令和元年度から譲与）が創設されました。森林環境譲与税は、市町村が行う間伐や人材育成・担い手の確保、木材利用の促進や普及啓発等の「森林整備及びその促進に関する費用」に充てることとされています。つまり国から林業に対して補助金が出ることになりました。

林業は、輸入木材におされ、林業従事者の採算性が悪くなり、しかも3K職場であるため林業従事者はどんどん減ってきています。しかし、この二つの法律により、林業には大きなビジネスチャンスが訪れています。

ｅスポーツと林業を行う会社を作る

林業の良いところは仕事のサイクルが他の産業よりも長いところです。製造業や商業、サービス業などは1日の仕事の成果に追われ、余暇を作ることも難しいです。農業でも季節が回る1年で結果が出ますから、ほぼ毎日のように田畑をみていなければなりません。

しかし林業の場合は木が50年単位で育ちますから毎日監視する必要もなく、週に何度か、場合によっては月に何度かの管理をすればいいわけです。その管理もＩＣＴの技術を使えば遠隔で監視をしたり、ドローンなどで監視することもできます。つまり、副業がしやすいビジネスだということです。

この林業は時間を作りやすいので、ｅスポーツとうまく組み合わせができます。林業とｅスポーツの運営を事業目的とした法人（仮称株式会社ランバージャックス：きこりの意味）を設立します。

社員は全国からeスポーツを志す者を採用し林業も並行してさせるのです。ゲームが好きであれば初めからゲームテクニックの高いプレイヤーでなくても、林業との兼業を承知してくれれば、学歴、性別、年齢（15歳以上）、やる気のある人ならだれでも歓迎です。できれば著名なプロゲーマーも顧問に招致していきたいと思います。

林業部門では、森林経営管理法に基づき、長浜市から現状管理がされていない森林管理の委託を受け自伐型林業を行い、森林から得られる収益をランバージャックスが受け取ります。さらに間伐作業などによる森林環境譲与税の補助金を長浜市をから受け取ります。それをランバージャックスのベーシックな収入源とします。

そしてeスポーツ部門ではeスポーツ大会からの獲得賞金とイベント運営から収益をプラスします。この二つが林業eスポーツ法人の収入源です。メンバーのテクニックが上がって多くの賞金を獲得できるようにしていきたいものです。

午前中は山で働き、午後はeスポーツのトレーニングやイベント開催の準備などを行うのです。1日ビデオゲームをしていても、次の日は森林のマイナスイオンを大いに吸って過ごすのは、とても健康的でストレスフリーな生活になるでしょう。晴耕雨読ならぬ晴れた日は林業、雨の日はゲームのトレーニングという生活です。

またチームで連携して戦うような競技の場合チームワークが重要ですが、ゲーム以外で林業の仕事を一緒になってすることでお互いの性格も理解でき、チームワークもさらに高まるのではないかと思います。

稼ぎもなくプロゲーマーになるといって毎日ゲームだけしているのではなく、ちゃんと生活できる収入を稼いでプロeスポーツプレイヤーを目指すというのはとても健全ではないでしょうか？　しかも森林を守るという社会的な意義もある仕事です。まだまだプロゲーマーになるというのは社会的に偏見があります。自分の子供がプロゲーマーになると言い出したら親御さんも困るでしょう。ですがこのようにちゃんと仕事もして夢も追いかけられる道を作ってあげたら全国から若い人たちが大勢集まると思います。

林業については管理する森林はいくらでもあり、何人でも人材は欲しいので、この会社に入って林業とeスポーツをしたい人はいくらでも募集していきます。仮に長浜市の森林が目一杯になれば米原市や高島市、敦賀市の森林にまで広げていけばいいのです。事業が広がれば県外での展開も可能です。

株式会社ランバージャックスは森林から近い木之本周辺地区に本社を置きます。長浜市の旧施設も利用しやすいですし、社員の住宅も空き家などを活用できます。

eスポーツのイベント会場としては2020年にオープンしたばかりの長浜伊香ツインアリーナを使用し、ランバージャックスのホームアリーナとします。長浜伊香ツインアリーナは二つのアリーナがあることがとても魅力的です。二つのアリーナを使って別の競技を開催すれば観客にとっては興味のある方のゲームを観戦することができ、飽きさせません。ランバージャックスが人気を集めれば、ツインアリーナはeスポーツのメッカになることができます。タレント性のある女性プロゲーマーも育成したいです。そうなれば県外からの観光客も多く集客できると思います。ホテルなどの宿泊施設の誘致もできることでしょう。

ランバージャックスはCLTでさらに躍進

株式会社ランバージャックスは完全な民間の資本で行うか第3セクターで行うか議論が分かれるところです。森林管理に関する法人ですから国や県からの補助金や融資も得やすいと思います。中小企業庁の新創業融資制度も活用できるでしょう。また面白いビジネスモデルだと思いますので、クラウドファンディングからの資金調達もしやすいでしょう。

ある程度事業が進めばファンドなどからの直接資金も得やすく、地元企業やゲーム会社や林業会社からの投資も受けられると思います。

株式会社ランバージャックスはｅスポーツ分野では賞金大会に参加するだけではなく、賞金大会の開催も行います。またゲーム実況のユーチューブ配信からの収益も期待できます。こちらは北近江ＩＣＴ協会と連携していきます。北近江ＩＣＴ協会との連携についてはゲームソフトの開発も将来的には可能かもしれません。

このようにｅスポーツ分野での広がりは様々に期待できますが、林業分野についても広げていきます。

現在ＣＬＴという建築材が注目されています。ＣＬＴとはCross Laminated Timberの略称で、ひき板（ラミナ）を並べた後、繊維方向が直交するように積層接着した木質系材料です。厚みのある大きな板であり、建築の構造材の他、土木用材、家具などにも使用されています。構造躯体として建物を支えると共に、断熱性や遮炎性、遮熱性、遮音性などの複合的な効果も期待できます。特に、木材特有の断熱性と壁式構造の特性を生かして戸建て住宅の他、中層建築物の共同住宅、高齢者福祉施設の居住部分、ホテルの客室などに用いられています。

工場内で一部の材料を組み立ててから現場に搬入するプレファブ化による施工工期短縮が期待でき、接合具がシンプルなので熟練工でなくとも施工が可能です。災害時の仮設用住宅にパーツとして保管し、必要な時に組み立てて利用することも考えられます。ＲＣ造などと比べた場合の軽量性も大きな魅力です。さらに林業にとって魅力なのはB材やC材、間伐材も利用できることです。

２０１６年ＣＬＴ関連の建築基準法告示が公布・施行されました。これらにより、ＣＬＴの一般利用がスタートしています。ＣＬＴは国や地方議員連も地方創生の目玉として注目しており国からの補助金も獲得できる事業です。２０１８年にできた補助金ではＣＬＴ1立方メートルあたり15万円を上限に補助されるというものもあります。建設資材の購入費を直接助成される制度は初めてだそうです。これによりＣＬＴの普及は格段に広がりそうです。

ランバージャックスに収益性の目途ができたら本社を兼ねたＣＬＴの工場も建設していきたいです。さらにＣＬＴの設計者や建築デザイナーなども招致して、林業の6次産業化を図っていきます。ランバージャックスも新しい職種を迎え入れることになります。建築デザイナーは若者にも人気職種ですから若者の移住促進になります。

森林から産出した間伐材はまずはＣＴＬ工場で加工し、それでも余った木材は木質バイオマスボイラーを工場に設置して利用します。木質バイオマスボイラーは近隣の湖北病院でも設置したいと思います。現在は重油ボイラーを利用していますが、木質バイオマスボイラーに変更すれば補助金を活用して約5年で回収できるようです。石油を使うところをバイオマスに変更することで地球環境にもいいですし、長浜北部地域でのエネルギーの地産地消にもなります。

エネルギーの分野では雪氷冷熱エネルギー活用にも実験的に取り組みます。長浜北部は豪雪地帯ですが、冬に積もった雪を雪室を作って夏まで保存します。その雪を保存した雪氷庫の寒気を利用してオフィスの冷房を行うシステムを作ります。まずはランバージャックスの本社及びCTL工場で実施します。この取り組みがうまくいけば雪室のコンテナを作って夏の公共施設の冷房に使えるようにしたいです。長浜伊香ツインアリーナの冷房などから始めていってその後は湖北病院などの公共施設にも設置し、事業展開の目途がついたら各地で展開していきます。

長浜市民は皆、休日には「きこり」になろう！

長浜の一般市民の林業への参画を図る施策も展開します。こちらはランバージャックスではなく、市かNPO法人が主催します。仕事はランバージャックスからの仕事だけでなく、森林組合からの仕事も受注して林業作業を行っていただきます。

まず、長浜市が林業体験希望者向けの講習会を無料で行います。林業を始めるにはチェーンソー、3トンクラスのミニバックホー（作業道敷設用）、林内作業車（木材搬出用）、軽トラックなどが必要ですが数台を市が購入し、共同使用してもらいます。

長浜市民の、特に中心市街地に住む市民で、休日に林業活動に参加する方を募ります。15歳以上の方なら講習会を受講すれば誰でも参加できるようにします。休みの日にきこりになるのは楽しいと思います。普段はデスクワークを行いながら月に何度かはきこりになって山林の中で働くというのは魅力的な生活であると思います。

しかもこれはボランティアではなく、報酬が得られる、いわゆる有償ボランティアです。日当1万円程度のアルバイト料を支払います。財源ですが、林業収益から補てんできない部分は森林環境贈与税からの補助金で充当します。

副収入を得たい方の参加を促進します。ユーチューバーや漫画家や小説家になりたい人などは収入が不安定な人も多いでしょう。夢を追いかける人に、このようにいつでも仕事ができる機会を与えてあげれば、彼らにとっていい働き場所になると思います。

この施策はコロナ禍における緊急対策時の経済支援にも役立ちます。市が市民に一律に支援金を出していくのは財政的に限界があります。市が林業の仕事を提供すれば、経済的に厳しい方は多く働いて多く稼ぐでしょう。例えば飲食店などコロナによって経営が立ちいかなくなった方々はこの林業業務に携われば20日働けば20万円が稼げます。業務を縮小せざるを得なくなった会社は、会社の従業員ごと働いていただけます。

木材の切り出しなどの重労働だけではなく下草の刈り取りなど軽作業もあります。女性や体力のない方でも参加できます。林業の作業はソーシャルディスタンスが保ちやすく、密になることはありませんから、コロナ禍でも通常と同じく仕事ができます。

また、仕事を増やしたことで木材の在庫が溜まっても、それほど問題はありません。農産物のように日持ちしないものではありませんし、木材は必ず消費されるからです。ランバージャックスのCLT工場が稼働し出せば、こちらでも仕事が増えます。

私はコロナ禍の経済緊急対策としてこの対策が有効であると思います。そのためにできるだけ林業講習などに市民が参加して、いざというときには市民が誰でも林業の仕事に就ける準備をしておくのがいいと思います。

長浜市にとっても日本にとっても森林は宝の山です。有効に森林と付き合っていくべきと思います。

これで北部地域も活性化

長浜では北部地域の人口が減少し、経済的にも厳しい状況が予想されます。北部地域の活性化は長浜市全体でも大きな課題です。この林業とeスポーツを組み合わせた事業が成功すれば長浜北部地域復興ができます。ランバージャックスに入社したい若者が集まる、長浜伊香ツインアリーナでのeスポーツイベントに人が集まる、そうなれば北部地域の経済は一気に活性化します。長浜市の人口増、しかも一番人口が減っている旧伊香地域の人口が増えるこの施策は長浜市にとって一番の活性化と言えます。

5　儲かる農業へ！　農産物のサブスク

やっぱり大規模法人にならないと

農業は他の産業とは違い、国家にとって食の安全保障の問題、地域の治水や景観の問題などから経済性以外の面でも重要視されています。しかしながら農業従事者の減少と高齢化、後継者不足で将来が不安視されています。長浜市でも同様で毎年農業従事者は減少し続けています。

長浜市の農業実態（全農家が水稲を行った場合）

農地（a）	524,500	a
農業就業人口	2,759	人
就業人口当たり農地	190	a
1a当たり収穫量	50.9	kg
1kg当たり米小売金額	500	円
1a当たり売上	25,450	円
1a当たり材料費	4,420	円
1a当たり燃料動力費	7,970	円
1a当たり粗利益	13,060	円
1人当たり売上	4,838,175	円
1人当たり粗利益	2,482,773	円

米小売価格は末端価格

長浜市の農業は約半数が水稲です。水稲の採算性は表の通りです。この表は農地の全てが水稲であったとし、できた米を直接消費者に販売したと仮定した場合の試算です。農業従事者の一人当たりの収益は２４８２千円となります。月20万円では生活は厳しいので、農地を広げたり、儲かる野菜に転作したりして一人当たりの収入を上げています。それでも難しい農家は他の職業と兼業するしかありません。経済的に厳しく、農業を継続させるには経済的自立が必要です。

農業経営の経験もないのに僭越ですが、農業は他の業界に比較して「マーケティング志向」が足りないと思います。生産者としての目線しかないように思います（特に長浜市は水稲中心のこともあって仕方ないところもありますが）。私がマーケティング志向を持った農業経営者であるならば、まず耕作する前に市内のスーパーを回って営業します。そして「地産地消」の重要性を訴えます。スーパーの経営者は皆さん、地域に貢献したい気持ちがありますから、「地産地消」には賛同していただけるでしょう。国外や県外で生産している作物を聞いて、それぞれいくらであれば納品させてもらえるかをお聞きします。そして候補の作物から自分がその価格で生産できる作物について、そのスーパーと契約して生産します。

キャベツで日本一成功している長野の会社は、外食産業に直接ルートを持って販売しておられます。一般消費者にはL玉が好まれるところを、外食産業では調理の効率性と芯などの廃棄が少なくなる2L玉が好まれることを営業先で察知して外食産業用に2L玉を生産しているそうです。

成功している大規模法人は、作った作物を市場に出荷するという発想ではなく、取引先から求められた作物を求められた量、求められた時期に出荷するという発想です。大規模法人はつくるものにはこだわらず、取引先から頼まれた農業をやるという従来の農業とは全く違う発想です。

国は大規模企業化することによって農業を復興させようとしています。第二次安倍政権の当初は成長戦略として2025年には5万法人にまで持っていくと計画しました。しかし安倍政権が終了した時点では法人者数は5千余りで1割の達成率でした。

長浜市は滋賀県の市町村の中で、農業経営体が多いにもかかわらず、法人化率の低い市町村のグループに入っています。

法人化が進んでいる地域では大規模法人を中心に規模を拡大した農業を行っています。マーケットで求められた作物を作り、直接納めるということで利益率も高いのです。大規模法人では自動運転のトラクターやドローン、センシング技術による管理型生産などを用いて、ますます大規模化、効率化を図っています。

大規模農業については賛否あると思います。しかし製造業を例にとればトヨタ自動車のある豊田市のように、地元大企業が大きくなれば地元の下請け企業が栄えます。それと同様で地元に大規模法人ができることで地域の小規模農家も大規模農家の下請けとしての機能を果たせます。従来は農協に頼るしかありませんでしたが、大規模法人に頼るという第2の道もできるわけです。

長浜市においてはもっと農業法人を増やす仕組みが必要です。特に若者で農業法人を始めようという方は増えています。それを支援していくプログラムが必要です。

特に農業を新規で始めようとすると他の産業以上に投資が必要です。適切な農地の取得が難しいですし、農地や高額の農機への投資が必要です。普通の商売ですと商売を始めてすぐに収入が得られ運転資金になっ

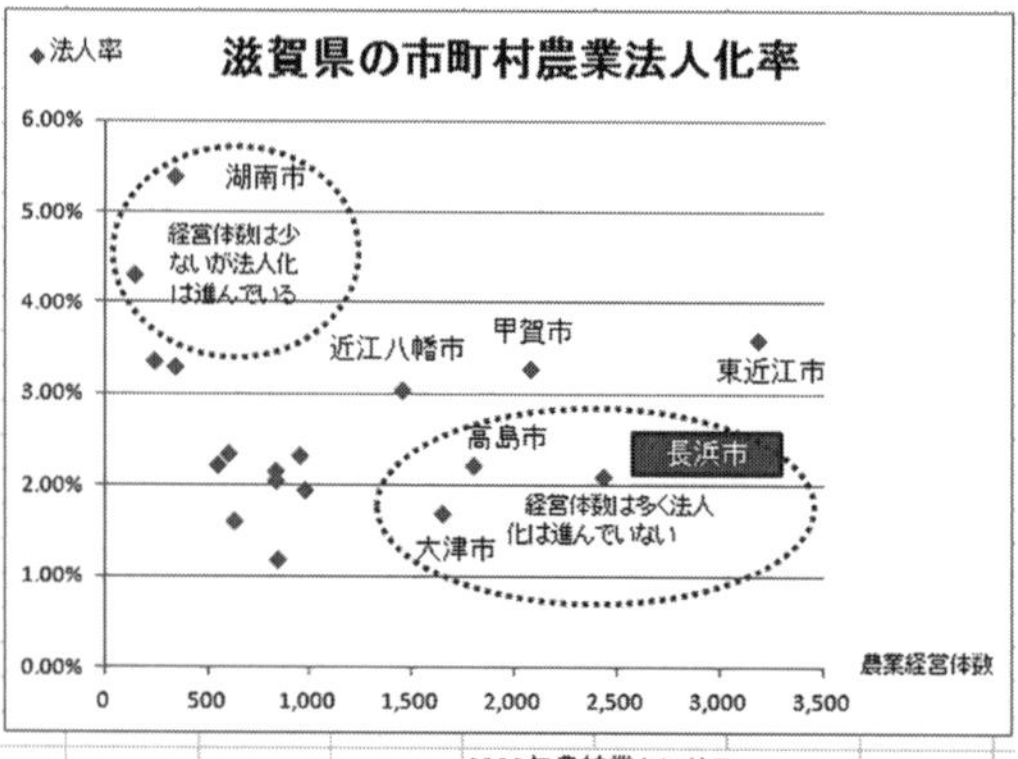

2020年農林業センサス

ていきます。しかし農業ですと半年、1年後にしか収入が得られません。それまでの生活資金も用意しなければなりません。

その対策として国も新規就農者を支援する制度を用意しています。49歳以下の人が就農を希望する場合、就農する準備段階の2年間に年150万円を支給し、就農した段階から5年間に年150万円を交付する農業次世代人材投資事業を実施しています。長浜市ではこの制度を拡充して、さらに上の年代にも支援金を支給しています。

大分県の豊後大野市はこの国の制度をさらに充実させて新規就農者を増やしています。まず、必ず2人以上の複数での参加を条件にしています。そして家賃が月1万2500円の住宅を用意します。夫婦二人で就農を希望する場合は7年間、年に300万円の支援が出ますのでかなりの支援になります。通常の場合ですと2年間の研修期間は県の農業大学校で学ぶことが多いのですが、それですと就農準備段階の年間150万円の支援はその授業料で消えてしまいます。豊後大野市の場合は市独自の教育プログラムを持っていて、1年目から耕作を始め、2年目から耕作した作物の売上を貰うこともできます。この仕組みにより10年以上、参加者の脱落がないそうです。

先ほどの長野のキャベツの事例で紹介したのは有限会社トップリバーという会社です。この会社は独立（こせがれ・法人就農を含む）研修専門の農業法人です。独立して儲かる農業を実現したい若者が全国から集まり、同じ志を持った多くの仲間と切磋琢磨でき、地域との関係づくりも全てを経験できる完全独立支援制度を持っています。農地や農機の取得、販売先ルートの支援まで全ての仕組みができています。

私は長浜市においても豊後大野市やトップリバーの事例を参考にして、若者による農業法人の設立を後押ししていく仕組みを作るべきと思います。

農業委員会が運営している農地ナビというサイトがあります。このサイトでは貸したい農地や売りたい農地を検索することができます。長浜市でこのサイトを検索してみるとたくさんの農地がでてきます。早々に手を打たないと将来未耕作地が増えて美しい長浜の景観も荒廃する恐れがあります。

農産物のサブスクを始めよう

私は小規模農業従事者への対策について次のような施策を提案します。

市が主導あるいはＮＰＯ法人で新しい農業法人を立ち上げます。この法人は利益を上げることはしません。目的は小規模農業者の支援と新規就農者の拡大にあります。

農産物は農協・卸売市場・仲卸業者・最終業者（外食・中食・小売業者）の４者が介在

し、各社の必要経費や利益が上乗せされる高コスト構造になっています。しかも卸売市場でセリに掛けられ、そこで農家が手にすることができる売値が決まるため、農家には価格決定権がないのが現状です。農業生産者が価格決定権を得るには直接消費者に売る仕組みが必要です。

この法人では直接消費者に近江米の定期購入を促すウェブサイトを制作し、申し込みのあった方には毎週、定期的に米を届けます。つまり米のサブスク（サブスクリプションの略）を行います。毎月など間隔をおいて届けたほうが断然効率的ですが敢えて毎週にします。

米は精米したてのものを送ります。精米したての米は美味しいです。さらにつき加減も二分づき、五分づき、七分づきなど消費者の健康趣向に合わせて選択できるようにします。玄米が体にいいということは誰でも知っています。ですがどうしても玄米に近い米は食べにくく、家族の中で誰かが嫌だと言ったら家族では結局白米になってしまいます。ですがつき加減を何度か変えて注文して、家族全員に賛同してもらえるつき加減が見つかれば、ずっとその米を買ってくれるでしょう。米はブランド競争が最も激しいです。インターネットで販売していくのであれば全国ブランドと戦わなければなりません。近江米がブランド力がないとはいいませんが大量宣伝しているブランド米には知名度で負けてしまいます。全国的に勝負していくにはブランド合戦で戦うべきではないです。

さらに米を購入する際、玉ねぎ、ジャガイモ、ニンジン、大根、キャベツなどの野菜や地元特産品をプラスして申し込めるようにします。消費者にとっては買い物の際、重い米や野菜を運ばなくて済むという利点があります。

毎週申し込みのある顧客の受注状況を分析することで、その顧客がどういう野菜をいつ申し込んでいるかがわかります。顧客の好きな野菜の美味しい時期に情報をお知らせするとか、申し込みのない野菜の調理方法を推奨するようなことも考えられます。ここに大きなビジネスチャンスがあります。

この仕組みを実現するためには生産者側でも工夫をしていく必要があります。季節の野菜をうまく取り入れるため、地元農家の協力が重要です。ある時期は種類が多いがある時期は種類が少ないというのでは安定的な申し込みが得られません。作付けの時期を小規模農家を中心とした協力農家と打ち合わせして計画的に納品してもらいます。つまり、作ったものを売るのではなく、売れるものを作ってもらうのです。生産者からは契約通りの数量を買い取るので生活も安定します。

顧客の中には有機野菜にこだわる層も少なからずおります。有機野菜の販売ではオンライン販売は進んでいますので、有機野菜コーナーも開設したいと思います。そのためには市内の有機野菜生産農家とも連携を取る必要があります。

企画によっては近江牛や琵琶湖の魚、敦賀市の海産品も申し込めるようにします。消費者を「どうせ毎週届けてくれるならついでに申し込もう」という意識にさせるのです。消費者は家族の人数や趣向に合わせて申し込みます。

申し込まれた米や野菜は週に1度出荷し宅配便で届けます。価格は都会のスーパーや生協に対抗できる価格、その分不格好な野菜が含まれる可能性があることを了解してもらいます。余分に仕入れた野菜は毎週、全てプレゼント品として同送してしまいます。それにより食品ロスの削減にもなります。その野菜が気に入って次回注文してくれるかもしれません。

ウェブサイトの管理や出荷作業などは農業へ新規参入を志望する人を職員として雇用します。その人たちには農業も行ってもらい、認定農業者から農業技術を習得してもらいます。将来は農地を取得して新規農業者になるよう育成します。

販促策として北近江ＩＣＴ協会の職員全員のブログからリンクを貼ってもらい検索上位にあげ、各ブログから閲覧者を誘導します。作物毎に生産者情報などが動画で見られ、消費者に対してこの作物を生産者がどんな想いで作ったかをアピールできます。料理の仕方や美味しい食べ方なども動画でアップします。

長浜市では小谷城スマートインターチェンジ周辺に6次産業化拠点整備事業を推進しています。出荷配送するセンターはインターチェンジに近いことや農地が広がっている、長浜市の中央にあるなどの地の利を考えるとこの地域がいいかと思います。

受注管理や出荷作業などは新規参入希望者を中心に雇用しますが、障害者も積極的に雇用します。出荷配送のセンターの建設の際には障害者が作業しやすい工夫をして設計していきます。受注業務など電話やパソコンで行える業務は障害者の方でオンラインの方が仕事しやすい方には自宅で仕事をしていただきます。新規参入希望者と障害者の方に農地でも働いていただけるような耕作地も作り、農福連携を図っていきたいと思います。

長浜市民には地産地消の精神でできるだけこの企画に参加して購入してもらいます。

また長浜市は東京都台東区との都市連携協定を結んでいます。台東区民にも参加していただけるよう区の方で広報してもらいます。台東区民にはどのような産地で生産されているか農業体験してもらうプランも作成します。

中学生に田植え稲刈り協力を

長浜市では小学校において給食費の無償化が行われています。その食材の100%を長浜市内で生産された農産物から供給するのが理想です。そのためには市の給食センターと農業経営者が前年に懇談して、1年間のメニューを決定し、そのメニューに合わせた時期に作物を納入する契約を給食センターと農業経営者が行い、農業経営者はそれに従い作付けするようにすべきです。

長浜市の農業は水稲が中心です。水稲は田植え、稲刈りの時期が特に繁忙となり、一時期だけ人手が足りなくなるのが一番の問題点です。水稲を行う小規模農家を維持していくためには繁忙期の人手を確保する必要があります。それにより水稲を行う小規模農家を支援して少しでも耕作放置地を増やさないようにします。

私の提案として、長浜市内中学生が小規模農家の田植えや稲刈りを手伝うことも行います。中1の春に田植えを1日、秋に稲刈りを1日、授業の中で手伝わせます。

小学生の間、給食を無料で食べさせていただいたお礼をこめて、地域の人たちに報いるという意味もあります。前述の通り、長浜市が小学生の給食を無償にしていることは全国でもなかなか無いサービスをしているわけです。その有り難みを子供たちに十分に知らせる意味があると思います。社会は助け合いで循環していくということを教育的に知らしめるためです。

農業体験は子供たちにとってもいい社会勉強になり、いい体験になると思います。中学1年生としたのは小学生では体力的にどうかと思ったからです。また農家での仕事の量がもっとあるようなら2年生3年生にも規模を拡大したいです。

6　田村にオーガニックコスメ会社を作って女性を呼び戻す

長浜バイオ大学ブランドのオーガニックコスメをつくる

東京への流入は男性よりも女性が多く、全国的に女性が地方から都会に移住したがる傾向があります。女性が上京するのはファッションなどに憧れることもありますが、地方は女性にとって古い慣習を強いられることで息苦しかったり、やりたい仕事がないということがあります。特に高学歴の女性にはその傾向が顕著で、仕事のために結婚しない女性が増えています。

長浜市にも女性を低く見るような傾向が残念ながらあります。男性は転出も多いが転入も多い一方で、女性の転出は男性よりも少ないですが転出が転入を大きく上回っています。これは長浜市に女性にとってやりがいのある職場が少なく、特に高学歴の女性の職場が少ないことが原因の一つです。

前項で提案したプログラミング塾でコンピューター技術を教えていくことは女性の活躍できる仕事場を作る一助になります。さらに女性にとって魅力のある職場を作り、女性を呼び戻すために化粧品ビジネスを立ち上げます。化粧品会社は若い女性に人気のある就職先で、働く人たちもほぼ女性です。化粧品会社を設立することは特に高学歴の女性の転出抑制や移住受け入れに貢献できます。

私の元々の専門の分野は化粧品業界のコンサルティングです。自分でもいくつかのブランドを立ち上げてきました。化粧品業界向けのビジネス書『化粧品業界の動向とカラクリがよ〜くわかる本』（秀和システム）は12年前に発売し、アマゾンでは薬

2014（平成26）〜2018（平成30）年の世代別社会動態

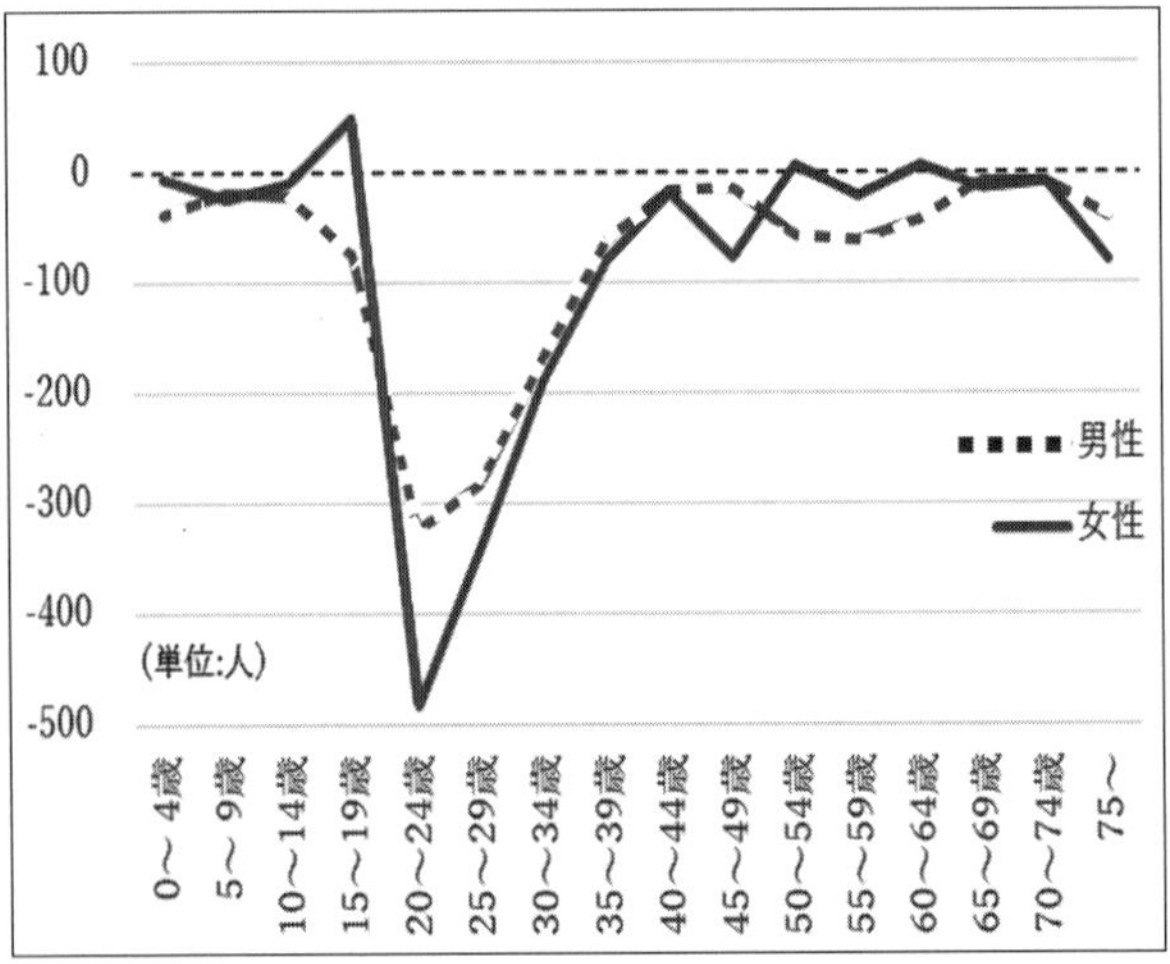

業・化粧品ビジネスのジャンルではずっと売上一位となっており、化粧品業界に入る人は必ず私の本を読んで勉強されています。

その経験から長浜市で化粧品ブランドを開発するのであれば、オーガニックの化粧品を開発するのがおもしろいと思います。長浜で栽培された無農薬の植物を原材料として処方します。開発については長浜バイオ大学に研究開発協力を依頼します。

マリアンナという化粧品ブランドがあります。このブランドは川崎の聖マリアンナ医科大学が開発したブランドです。北海道大学が開発した化粧品ブランドもあります。先日、東京の若い男性に「長浜って知っていますか?」と聞いたら、たいていは、秀吉とか黒壁と答えるところをその人は「長浜バイオ大学」と答えました。長浜バイオ大学の知名度はかなり上がってきていると思いました。長浜バイオ大学が開発したオーガニックコスメであれば人気が出ると思います。

オーガニックコスメは海外製が多く、日本製で確固たるブランド力を持った商品はなかなか少ないです。植物の生産の段階から有機栽培をして生産段階から管理し、大学のお墨付きをもらった化粧品であれば、オーガニック認定も通ると思います。そもそもオーガニック認定と言っても日本では民間団体で自主認定しているものであり、オーガニックの協会が認めた成分を配合した化粧品をオーガニックコスメとして認定しているだけです。本当に原料段階で生産地にて有機製法で生産されているかどうかなどは管理していません。

化粧品は原料エキスを混合して製造しますが、エキスには通常キャリーオーバー成分も含まれています。キャリーオーバー成分とは、エキスを抽出する際に使用したり、原料を安定させる目的で配合されたりする成分（アルコール、安定剤、酸化防止剤、防腐剤など）のことを言います。化粧品には全成分表示義務がありますが、キャリーオーバーとして使用した成分は表示しなくてもよいという特例が設けられています。ですから全成分表だけでは本当にオーガニック成分だけでできているのかは判断できないのです。

長浜バイオ大学が独自の検査方法を設定して長浜市とでオーガニック認定組織（仮称長浜オーガニック協会）を作るといいと思います。それを広めれば他のブランドでも適正な検査方法を受けて長浜オーガニック協会の認定を受けたい会社も出てくるかもしれません。

会社は長浜バイオ大学近くの田村地区に設立します。会社の周りで化粧品原料となる有機植物を栽培し、社員自らが生産します。製造工場も同地域に設立します。社員は全国から女性を中心に集めます。化粧品開発やマーケティング、宣伝広告に興味のある人材を募ります。社員は事務とともに農作業を兼務することを基本とします。農業に興味のある女性も雇用できます。

オーガニックコスメは、環境や安全性に配慮する女性が日本に限らず海外でも増えてきており、大変人気が高いです。日本を代表する本格的オーガニックコスメとして海外にもマーケティングして輸出していきます。

化粧品の売上が上がれば有機植物の生産量を高めるため畑も拡張しなければなりません。農作業に従事する人員も増えますし、受注のための電話オペレーターや出荷作業の社員など関連の社員が増えます。それにより田村地区の人口も増加します。

田村は米原駅近くですから東京や大阪への営業活動も行いやすく、都会地からの移住促進もしやすいです。市が田村に投資して活性化しようとするのであれば、この事業に投資した方が田村地区の人口も増え、発展すると思います。大学と産業を興していく場合、中小企業庁から産学官連携の補助金や投資や融資も受けることができます。

人口が増えれば田村駅に隣接する保育所と専用駐車場を作って、県南部に勤務する女性が通勤の際に子供を預けられるようにしていけばいいと思います。利用者が増えればスーパーマーケットも誘致できます。

ブラックバスでグミを作ってムスリムに売る

長浜バイオ大学との連携については次のような産業も生み出せないかと考えています。琵琶湖では近年ブラックバスなどの有害外来魚の繁殖により、琵琶湖の生態系が急激に変化しています。これにより漁業への影響が著しく、滋賀県は滋賀県漁業協同組合連合会に対して外来魚の捕獲経費を補助しています。外来魚駆除促進対策事業や外来魚繁殖抑制対策事業で捕獲した外来魚を集荷し、魚粉等の原料としています。これらの事業に要する経費を漁業協同組合連合会に対して補助しています。

私は捕獲した外来魚を原料にしておやつのグミを製造したらどうかと考えています。グミはゼラチンで作られていますが、ゼラチンの原料は通常豚の皮です。この豚の皮の代用として外来魚を使用するというアイデアです。

グミの製造工場は国内にはそれほど多くないために製造工場を建設し、収獲から製造、そして販売まで行います。市内の漁業者だけでなく市外の漁業者からも捕獲された外来魚を買い取ります。県の補助金と併せれば漁業関係者の収益は上がりますので捕獲も進むと思われます。

製造工場の建設費用や外来魚加工にかかる費用については県から補助金を獲得します。

グミには果物などを入れますが、もちろん長浜市内で採れた果物を入れます。これにより市内の農家に対する支援にもなります。

販売先としては国内向けにも販売しますが、主にはインドネシアやマレーシア、中東などのイスラム文化圏に向けて輸出します。イスラム文化圏ではハラールにより豚由来の食べ物は食することができません。欧米のグミはほとんど豚の皮でできたゼラチンで作られていますので、美味しい日本製のグミを作れば人気が出ることと思います。こちらも長浜バイオ大学で研究開発していただければと思います。

製造工場を作ることで地元の雇用が生まれますが、この工場には敢えて外国人技能実習制度を利用してインドネシアやマレーシアから人材を雇用したいと思います。製造の仕事をしてもらうだけではなく、製品の開発にも参加してもらい日本人だけではなくインドネシアやマレーシアでも売れる製品づくりをしていきます。

さらにインドネシアやマレーシアに向けて、外国人技能実習生に広告活動も行ってもらいます。インドネシアもSNSが発達していますのでSNSを使って広告活動をしてもらいます。これこそ6次産業と言えるでしょう。

7　黒壁に新しいコンテンツを！　VR／ARを観光地の目玉に

黒壁スクエアをさらに賑やかに！

観光は長浜市にとって最も重要な産業です。黒壁スクエアができて30年になります。黒壁の成功によって長浜市は全国から注目されるようになり、中心市街地の再活性化にも大きく寄与してきました。しかしながら近年は少しずつ来街者が減少傾向にあります。中心市街地の活性化として巨額な投資を行った駅前集合ビル「えきまちテラス長浜」は市民や市議会の間では完全に失敗という烙印を押され、今後この事業の赤字をどのように解消していくかという議論が尽くされています。

黒壁スクエアを中心にした中心市街地の活性化は今後も魅力を研ぎ澄ませ続ける必要があります。黒壁スクエアへの来訪者を増やすべく、新しい顧客層の開拓に今後もさらに努力を続ける必要があります。

黒壁スクエア周辺商店では、さらに新しい商品やサービスを開発していく必要がありま す。特に飲食やデザート系の商品はさらに工夫をするべきでしょう。最近はインスタ映えする食べ物に人気があります。ユニークな商品の開発はさらに続けていく必要があります。

また黒壁スクエアが成功できた理由としては、ガラス館やオルゴール館、海洋堂フィギュアミュージアムといった地元由来のものにこだわらなかったことにあると思います。通常であれば地域の特産品や歴史伝承だけにこだわった街づくりが多いですが、黒壁スクエアはそこにこだわらなかったところが成功の秘訣と思います。ということは、今後も長浜とは元々関係のないコンセプトでも人気の出そうなユニークな商品・サービスを追加していってもいいと思います。

私もいくつかアイデアを出してみます。

オタクの元祖である漫画専門の古書店を運営する株式会社まんだらけ代表取締役社長古川益三氏は長浜北高校の出身です。中野の本拠地にもない、何かいいコンテンツを提供していただけないかと思います。まんだらけ長浜店だけで販売される秘蔵の漫画雑誌などがあればマニアがわざわざでも訪れると思います。

また、長浜高校出身の『カメラを止めるな！』の監督上田慎一郎氏にも映画にまつわるコンテンツを提供いただければと思います。例えば『カメラを止めるな！』の別バージョンを数パターンくらい制作して、市内に小さな映画館を作って常設上映していくというのはどうでしょう。何パターンかのバージョンがあれば何回も来訪する方が増えるのではないかと思います。このマルチエンディングのシナリオは今とても注目されています。将来はネットフリックスの映画が観客の好みのエンディングになる可能性があるそうです。マルチエンディングシネマの先駆けの上映館は話題になるかもしれません。

和菓子の「たねや」は東京はじめ全国でも甘党の方には大人気で、近江八幡の店舗も彦根の店舗も大変人気があります。店舗のデザインも個性があってとても素敵ですし、何せ商品が皆とてもユニークで美味しいです。ぜひ長浜店も誘致できればと思います。

このような新しいコンテンツができたら、現在の中心部近くではなく、別の地区に開設できればと思います。例えば朝日町なども古い長浜らしい街並ですが、店舗や展示館などはまだまだ少ないです。磁石となる新しいコンテンツを現在の長浜駅から大通寺までの地域とは少し外れた地区に作れば観光客がそのコンテンツまで歩くことで動線が広がり、その地域に新しい店舗を開設することができます。そして黒壁スクエアの面積が広がることで観光客の長浜での滞在時間が増えるとともに、「今回行けなかった地区は次回行ってみよう」とリピート率も向上します。

広告宣伝については北近江ＩＣＴ協会で行うユーチューブでも日々配信して、黒壁スクエアの魅力を全国に配信していきたいと思います。

VR／AR技術で歴史資源の再活性化を

長浜市は歴史的に大きな遺産を持っています。秀吉がつくった街としての遺跡や文化（長浜城、こども歌舞伎など）、戦国時代の古戦場（賤ヶ岳、姉川、小谷城など）など歴史好きには大変興味深い地域です。また余呉湖や菅浦、竹生島などの風光明媚な地域や観音文化など特色のある観光資源が幾多もあります。

これらをどのように活かしていくかが今後の課題となります。特に余呉や菅浦の活性化は過疎地域の活性化にもつながります。

新たな事業として、VR／AR技術による歴史資源の再活性化を行います。

ARとVRの違いですが、ARがあくまで現実世界に対して情報を付与する技術であるのに対し、VRは現実世界とは全く切り離された仮想の世界を体験する技術です。すなわち、現実世界と仮想世界、どちらに軸足を置くかという点で違いがあります。

観光地にこのVR／AR技術を取り入れます。既にVR／ARを観光地で使って成功している事例はいくつか出てきています。

Virtual Tokyo　文化財再現　VR/AR アプリ　文化庁

江戸城
天守の再現と炎上

東西南北見える

明暦の大火で炎上

360年前、明暦の大火で焼失した壮麗な江戸城を、天守台の上に再現し、炎上の過程を見る。

小石川後楽園
VR でみる大名遊び

春の舟遊び

秋の舟遊び

- 庭園内でスマホをかざすと「庭園ガイド」を受けられる。
- VR で、江戸時代の春と秋の舟遊びの有り様を体験でき、長橋も見える。

では展開案をいくつか挙げて見ましょう。

①長浜城の見学の際、スマホを通して見ると秀吉、ねね、三成などがARで実物のように現れ、城内の説明をしてくれる。

②小谷城跡でVRゴーグルを装着すると小谷城が現れ、やがて城が燃え、浅井長政の最期や市や三姉妹の逃げる姿などを歴史絵巻のように見ることができる。

③賤ヶ岳の戦い、姉川の戦いの様子が現地でVR（またはAR）で戦闘状況の説明を受けながら見ることができる。

④余呉湖にてゴーグルを装着してみるとAR技術で天女が降りてくる。夜はLEDを使ってさらに美しいショーが見られる。

このようなVR、ARのゴーグルを装着して歴史文化のイベントショーが各地で見られるようにします。各地を結んだ小型の観光バス（長浜駅〜木ノ本駅）も定期運行させます。歴史観光地を説明するガイドも用意し、外国語の話せるガイドあるいは通訳機器も用意してさらに美しいショーが見られるようにします。

予算規模としてはこれら全てで5千万円程度を考えています。ですが、北近江ICT協会の技術が上がればもっと安価でできるでしょう。

「えきまちテラス長浜」にはこのＶＲやＡＲでダイジェストが見られるミニ劇場も設置し、長浜観光の拠点とします。

このＶＲ／ＡＲの技術サポートは北近江ＩＣＴ協会で行います。

インバウンド客を誘致しよう

長浜市観光はどうしても日帰り観光になる傾向がありますが、今後は長期滞在型観光に繋がるようになればと思います。

京都にも近く、北陸にも近いため、長期滞在する外国人の観光の拠点となるような施策が必要と思います。そのためインバウンド対策は重要です。

海外に対する広報活動はＳＮＳが重要です。来日人口が最も大きい中国に対してはＫＯＬの活用が重要です。中国は日本以上にＳＮＳが発達していて、ほとんどの中国人はＳＮＳから情報を得ます。日本で言うインフルエンサーを中国ではＫＯＬと呼びますが、自分が気に入ったＫＯＬの情報を重視します。ＫＯＬの中には有名芸能人もおり、中には1億人以上のフォロワーをもったＫＯＬもいます。中国人観光客を誘致するのであれば有名Ｋ

ＯＬを招致して長浜観光を体験してもらい、その様子を動画や画像でアップしてもらうのが最も近道でしょう。

また今後は東南アジアの観光客も増えると予想されます。特にイスラム圏の人たちは前述したようにハラールの問題があり、彼らにとって旅行は不便です。長浜市内のホテルやレストラン、お土産などでハラール対応をすることで京都観光の際の宿泊を長浜市で獲得できると思います。前述したインドネシアやマレーシアの外国人技能実習生の活用により通訳やＳＮＳによる広告も対応できます。

できれば長浜市がインドネシアやマレーシアの都市とも姉妹都市になるなどの政策もできるといいと思います。長浜には浜ちりめんという伝統工芸がありますが、浜ちりめんのヒジャブ（女性のかぶりもの）やサリーなどを生産しても面白いかもしれません。

長浜市には外国人が３千名以上居住していますが、彼らに自分たちの母国の言語でＳＮＳにて長浜市のＰＲをしてもらうこ

長浜市観光客数（平成29年）

人数

観光宿泊客数	427,200
日帰り観光入込客数	6,651,700
外国人観光客数	33,470
外国人観光宿泊客数	5,237

とに対して報酬を支払うような施策も行いたいです。

その宣伝によって訪日した場合の通訳やガイドなどのビジネスを彼らに付与することができます。また、日本の特産品を越境EC（海外とのインターネット取引）で販売することにも取り組みたいです。今後は東南アジアの各国やインドなどとの経済的取引が大きくなると思います。外国人労働者を3Kで活用するよりも情報面において活用していくべきです。

余呉、菅浦でのんびり1週間滞在

長期滞在観光については、余呉、西浅井の人口減少において特に力を入れます。対象は1週間田舎を体験してもらうツアーです。余呉湖周辺で宿泊し賤ヶ岳や谷口林業地、山門水源の森などを探索し山の生活を味わい、菅浦では漁村の生活を体験してもらいます。余呉湖も菅浦も景色は日本でも最も美しい地域であると思います。この地域でのんびりと1週間過ごしてもらいます。余呉では林業体験やわかさぎ釣りもしていただきます。余呉は今後ウインドファームもできますので、これも観光資源になると思います。

菅浦は琵琶湖の北端の奥琵琶湖にあり、湖岸まで山がせり出しているその地形は、北欧のフィヨルドのような美しい地域です。かつては陸づたいでは到達できず「隠れ里」と称されていた漁村です。国の重要文化的景観に選定されています。

余呉で3日、菅浦で3日の山と湖の複合体験コースもいいでしょう。

この地域は本当に美しい地域ですので写真コンクールも開催すればいいと思います。写真コンクールは通常、賞金30万円程度が最も高価格なようですから、賞金100万円に設定すれば全国からカメラマンも押し寄せると思います。

余呉と西浅井については林業とともに観光で地域経済の活性化を図りたいと思います。

観音の里を全国区に、三成で大河、もう一人の義経？

長浜市は、平安時代から観音信仰が篤く、人々の手によって守り継がれてきた観音像が今も多く点在する「観音の里」です。

2016年から2020年まで東京上野に2カ月ごとに1体の観音像を展示してきました。この企画はとてもいい企画で、できれば長浜への観光案内や移住者の説明会を開く場にもすべきです。さらに大阪や名古屋でも同様の企画を実施すべきです。

また石田三成を主人公にするNHK大河ドラマの誘致運動も行いたいです。そのためには著名な作家に三成を主人公にした小説を依頼したいです。三成はその後の徳川政権の歴史家により悪く書かれていることが多く残念です。三成視線のシナリオでドラマができればいいと思います。ＮＨＫ大河ドラマは長浜市観光活性化の特効薬になります。

あまり知られていませんが山本義経の話ももっとアピールすべきです。山本義経は源氏で、正式には源山本義経で、彼も源義経です。源九郎義経と同時期の武将で当時は二人の義経がいたことになります。

当時は山本義経の方が有名で、説によっては山本義経が源義経だったのではないかとか、途中で入れ替わっているのではないかというものもあります。山本義経は琵琶湖の湖賊で船の扱いが上手でした。山育ち、東北育ちの源九郎義経がなぜ船の扱いがうまかったかを疑問に思い、瀬戸内海の海戦は山本義経だったのではとも言われています。

現在は長浜では山本義経について全く光を当てていませんが、市で山本義経伝説を盛り上げていければと思います。そうすることで居城のあった山本山のある旧湖北町でも歴史史跡が増えます。

私は実は脚本家も目指しており、長浜市主催の「長浜ものがたり大賞」の第一回に応募し、奨励賞をいただきました。その作品が「もう一人の義経」という山本義経について書いた作品です。巻末に付録として添付しますので、ぜひお読みください。

8　医療体制・子育て・自動運転・全市型スポーツクラブ

医師になりたい学生に奨学金を出してあげよう

長浜市には中心市街地のある南部と過疎地を抱え山間部中心の北部の間に格差があります。北部は特に高齢化が進んでいますので、今のままではその経済的格差はさらに拡大すると思われます。長浜市の方針で「北部振興無くして市の繁栄はない」を挙げていますが、私もそれには同感です。北部地域の振興を行政が行っていくのは不可欠と思われます。

北部で医療に関する問題は深刻です。２０２０年「公立・公的病院の再編統合」の再検証が厚生労働省から通知されました。がんや心血管系疾患、脳卒中など急性期医療の診療実績が特に少ない、あるいは近隣に類似する病院がある公立・公的等医療機関については、「公立・公的等でなければ果たせない役割」を地域で果たしているのか、その機能を改めて検証し、必要に応じて機能分化やダウンサイジングも含めた再編・統合を検討してほしいという趣旨のものです。長浜市北部地域にある、市立湖北病院もその対象とされ、今後厚労省から再編や病床数削減の指導を受けると思われます。

もちろん人口減少地域ですから合理化の対象となることは理解できますが、湖北病院の対象とする地域は広範囲ですから存続は地域にとって必須であります。建物の老朽化の問題もあり、改築も含めて維持すべきです。建物の建て替えも行いたいところですが、そのためにも税収を増やす必要があります。

合理化・効率化を行うことも必要です。そのための施策を提案します。

北近江ＩＣＴ協会は市民とスマホで連絡が取れるように推進していきます。さらに北近江ＩＣＴ協会で体温や脈拍数や血圧が測れて送信でき、さらに医療機関との間でオンライン診療が受けられるアプリを開発します。オンライン診療についてはコロナ対応として、時限的、特例的に緩和した電話や情報通信機器を利用したオンライン診療について、緊急事態宣言の解除後も引き続き効力を有すると確認されています。

基礎疾患をもった高齢者や障害者の方には定期的に体温や脈拍数などのデータを送信してもらいます。その送信状況が見守りにもなります。

このようにＩＣＴにより高齢者とのコミュニケーションを取りやすくすることで病気の予防になったり、無駄な受診が減ったりすることで病院側も受診者側も負担が減ると思われます。

この北近江ＩＣＴ協会が構築する技術はブロックチェーンの技術で開発できればと思います。そしてそのシステムを他の地域や医療機関などに販売していくことでビジネスになればと思います。但し、これは北近江ＩＣＴ協会のシステム開発力次第です。

医療の問題で深刻なのが医師の不足です。長浜病院や湖北病院に勤務を希望する医師を確保するのはますます難しくなります。将来長浜市内の公立病院に勤務することを条件として、医科大学生への奨学金を支給する制度を設立したいと思います。長浜市内の中高校生に対して、この制度を告知すれば医学部を志望しようと意欲的に勉強する学生も増えると思います。医学部に行くことの最大のハードルはお金だと思います。医学部に進もうと思っても親にそんなお金は出させられないと思って断念する学生は多いと思います。そこで市が奨学金を出してあげたいと思います。

旧町村部を最先端の自動運転実用化地域に

高齢ドライバーによる交通事故は大きな社会問題になっています。安全のため高齢者の運転免許の返納が求められますが、現実には長浜市のような地域では自家用車がないと生活ができません。

浅井地区、びわ地区、西黒田・神田地区、湖北地区、高月地区、木之本地区では路線バスの廃止もあり、乗り合いタクシーの制度があります。乗り合いタクシーを実現できているのはかなり発展的な市町村と思います。利用者が少なく、路線バスの運行が適さない地域の公共交通を確保するため、タクシー車両を活用し需要に応じた運行を行うものです。長浜市では、市内6地域での乗合タクシー運行に対して補助を行っています。

地域の交通の利便性を上げていくにはウーバータクシーの導入も検討すべき時期です。ウーバーはスマホでいつでも呼び出せて、安くて誰でも利用ができるサービスです。海外ではライドシェアビジネス（相乗り）として一般の人も自家用車で配車をすることが可能となっています。登録をしていれば副業としてお小遣い稼ぎをすることができるので、職を失った人の受け皿としても利用されています。

日本では、営業行為が認められていない自家用車に乗って送迎をし、お金を稼ぐタクシードライバーのことを「白タク」といい、違法行為とみなされています。日本ではタクシー業界を守るための規制になっています。白タクが横行すれば営業免許を取得したタクシー運転手の生活が脅かされます。しかし、人口が少なく、なかなかタクシーが呼べない地域で白タクが活躍してくれれば地域の交通の利便性は上がります。路線バスが廃止になった地域では、地域の方が定期的に学校や病院まで相乗りで運んでくれるサービスも生まれます。

現行のタクシー会社がウーバーのシステムを導入し、登録した白タクの稼いだ金額の一部を手数料収入として現行のタクシードライバーの固定部分の給与に当てるなどの工夫をして折り合いがつけられればと思います。

またこの「白タク」方式が認可されれば、乗客を乗せるのではなく、買い物に行ってもらうサービスも展開することができます。高齢者や障害者の方などにはとても利便性のいいサービスができます。

ですが、本当は高齢者でも安全に自家用車を運転して買い物に行ったり、病院に行ったりできるのが理想です。そのためには現在自動車会社各社が研究にしのぎを削っている自動運転の技術の広まりが望まれます。

自動運転のレベルは、

レベル1　システムがステアリング操作、加減速のどちらかをサポート（運転支援）
レベル2　システムがステアリング操作、加減速のどちらもサポート（運転支援）

レベル3　特定の場所でシステムが全てを操作、緊急時はドライバーが操作（自動運転）
レベル4　特定の場所でシステムが全てを操作（自動運転）

となっています。現在はレベル3の市販車が販売されようとしています。

現在、福井県永平寺町や浜松市で自動運転の実証実験が行われています。

長浜市でも自動車会社と共に自動運転の実証実験に取り組んでいければと思います。できれば乗合タクシーの運行している地域でレベル3の自動運転ができ、早い段階でレベル4に到達できるようにできればと思います。

レベル4になればロボットタクシーの導入の段階になります。つまり運転者は人間ではなくロボットになります。ロボットタクシーはアメリカのテスラが事業参入を始めています。アメリカや中国では実証実験も進んでいます。

長浜市が国家戦略特区として最も早く道路交通法のもとでロボットタクシーを導入する市町村として名乗りを上げるのはどうでしょう。県警察や地元住民、タクシー業界などの総意を得て法令を整え、ロボットタクシーの受け入れができるようにするのです。最初は例えば、旧びわ町や旧湖北町などの平坦な地域で導入し、徐々に市街地や山間部へも拡大していくようにすればいい実証実験になります。

最も早く導入することにより様々な先行者利益が得られるのではないでしょうか。ロボットタクシー事業は世界的に注目されていますから大変な関心が集まるでしょう。長浜市に研究施設ができ、数十台のロボットタクシーが投下され実証実験が開始されます。システムをサポートするため衛星技術やＩｏＴ技術が用意され、５Ｇの環境が整えられます。ロボットタクシーは初期投資は高いですが、ドライバーの人件費が安いのでかなり安い価格のタクシー料金になるでしょう。そうすれば自家用車は持たなくてもいい街になるかもしれません。そういった社会実験になるのです。

例えばこんな近未来です。私はそうは言ってもたまに遠出するため自家用車が欲しいので自動車を買いますが、その時ロボットタクシー仕様の車種を買います。自宅から会社まで朝、自動運転モードにして後部座席でサンドイッチを食べながらスマホの情報を確認します。会社の近くには駐車場がないので自動車をタクシーモードに切り替え、私は会社に行きます。自家用車はロボットタクシーとなり、日中は街中でお客さんを乗せて働きます。夕方、私を迎えに会社に自動車が来ますが、今日は友人と居酒屋に行くので繁華街まで乗せていってもらいます。居酒屋で私が飲んでいる時も自家用車はタクシーとして街を流しています。私は酔ってグデングデンになりますが、自動車は私を自宅に連れて帰ってくれます。自動車はその日1万円以上をタクシーで稼いでいました。

こんな夢のような社会はもう近くまで来ています。ロボットタクシーは導入されると月1万円程度の定額制となり、乗り放題となると思います。そうなると高齢者は買い物にも病院にも気兼ねなく自由に行くことができます。子供のお迎えなども安心して任せられます。そしてとても住みよい街になると思います。そうなれば長浜に住んでみたいという人たちが増えてくると思います。さらにＩｏＴや５Ｇの環境がどんどん整えられ最先端企業も誘致できるでしょう。大きなビジネスチャンスが長浜に生まれます。びわ地区、湖北地区がシリコンバレーになるかもしれません。

この近未来に早く手を挙げた市町村が勝ちだと思います。東京などの大都市では道路交通の規制やタクシー業界の抵抗などですぐには導入できないはずです。そこを長浜が市を挙げて誘致できる環境を先に整えるのです。自動運転は技術的には既に可能なのです。

旧長浜駅舎があるように、明治時代、長浜には東海道線の主要駅がありました。しかし、線路づたいに伝染病が来るとかで地元の人が反対して東海道線駅を米原に持っていってしまったと聞きました。もし長浜が米原に東海道線を渡していなかったら、今長浜に新幹線の駅があり、今の状況は大きく変わっていたことと思います。次こそは先にこういった先進的なことに手を挙げて、将来の子供たちに大きな財産を授けてあげたいと思います。

子育て支援、エリート教育、子供の貧困対策

長浜市は住みよい街ですが、他府県からの移住者をさらに増やすには子育て環境をさらに整える必要があります。

この点、長浜市は子育て支援に対して積極的に取り組んでいます。認可こども園の増設は他地域に比較してもかなり進んでいます。さらに小学校における給食の無償化という他市にはなかなか無い支援制度もあります。保育所や放課後児童クラブなどでの保育士不足という問題も抱えていますが、積極的にその対策に取り組んでいます。

前述の通り北近江ＩＣＴ協会の活動は子育て支援にも役立ちます。子育て主婦の方々にアフィリエイトなどの在宅でもできる仕事を行ってもらい、子育てしやすい家庭環境を築いてもらいます。そのことで保育所などの負担も軽減されます。

またプログラミング塾では、放課後に小中学生も受け入れることで放課後児童クラブの機能を果たすこともできます。プログラミング塾で高齢者を中心とした地域住民と一緒に学ぶ事で子供と高齢者との共生の場になり、教育上もいい効果が得られます。

優秀な子供がいれば地域でその才能を開花させたいと思います。現在台湾のＩＴ大臣唐鳳さんは中学中退でそのままハッカーとなり、現在はそのプログラミング技術で台湾のＩ

CT技術を統括しているそうです。そういった天才的才能は地域で育てるべきです。プログラミング技術だけではなく、道徳や歴史なども身につけていかないと、社会の常識や正義といったものが身につきません。子供たちにそういった人間としての常識を地域社会が教えていくべきだと思います。

プログラミング塾は地域とのコミュニケーションの場にしたいです。長浜市には425の自治会があります。東京などの都会に比べて自治会の機能はまだまだ健在です。プログラミング塾と自治会の連携も強めていきたいです。将来的には自治会ごとにプログラミング塾があればいいと思います。

現在、子供の貧困の問題も社会化しています。スペインで「連帯冷蔵庫」という名前の公共の冷蔵庫の設置の試みがされています。自宅やレストランで余った料理や、使わなかった食材を入れる冷蔵庫です。食品ロスを抑制するための施策ですが、食品廃棄を減らすと同時に、必要とする人に食べ物を届けることができます。プログラミング塾にこの「連帯冷蔵庫」を設置し、地域から食べ物を提供していただきます。それにより、こども食堂の機能も果たせます。また生活が厳しかったり調理をすることが負担になっている高齢者が一緒に食べることで社会の共生が図れます。

貧困にあえぐ子供たちをプログラミング塾が救い、さらにはこのような子供たちから唐鳳さんのような天才が現れて、地域や国を救うということがあれば夢のような話になります。

全市型スポーツクラブをつくろう！

教育は今後は画一的な内容ではなく、その子供の個性に合わせてその才能を伸ばしていくことが重要であると思います。教育は例えば読み書き、計算といった基礎教育とその子供の才能に合わせた教育に分かれると思います。

高度成長の時代は企業が画一的な人材、つまり同じベクトルの下での優秀な人材を求めてきました。基礎教育を学んで高校・大学と進学していけば間違いがないという状況でした。しかし、現在は企業が画一的な人材を求めず、しかも企業が社員の身分の保証もしない社会になってきましたから、自身が生き延びるためには自身の能力を自身で高めていくしかなくなりました。能力で高めやすいのは好きなことです。子供たちができるだけ早くその好きなこと、才能のあることを見つけることが大事です。

私はある化粧品ブランドの広告写真を瀧本幹也さんという写真家にお願いしたことがあります。瀧本さんは広告写真の世界では重鎮ですが、私が仕事をお願いした時にはまだ20

代でした。瀧本さんは広告カメラマンの大御所藤井保氏のお弟子さんです。

藤井氏は毎年一人だけお弟子さんを取るそうです。瀧本さんは中学を卒業してすぐに藤井氏のお弟子さんになりました。同年代のカメラマンは大学や専門学校をでてから弟子入りしますので、普通に大学をでて弟子入りした人よりも7歳も若いのです。言い換えれば同じ歳のカメラマンよりも7年も余分に一線級のキャリアを積んでいるわけですから、若いうちに敵なしの状態になったわけです。

私はそれを聞いて早く自分のやりたいこと、自分に合った才能を見つけた者が勝ち組に入るのだと思いました。私はやりたいことも見つけずに大学に入り、自分の道も見つけずに就職してしまったことを後悔しています。

長浜の子供たちにはできるだけ自分に向いている仕事、それは往々にして自分が好きなことが多いのですが、それにチャレンジしてもらいたいと思います。そのために大人はその環境を整えてあげるべきと思います。プロeスポーツプレーヤーやユーチューバーへの道を提案したのもそういった考えからです。

才能を伸ばしてあげるためにはエリート教育が必要です。私は英語教育を過度に強化していくことを否定しました。英語は基礎教育の程度に抑えておいて、中学生であれば高校受験に必要なレベル、英会話など受験以外の技術についてはエリート教育の場を提供してあげる方がいいと思います。語学は明らかに才能によります。語学に才能のある子供には部活動でエリート教育をしていけばいいと思います。

スポーツについては通っている中学にその種目の部活がなかったり、優秀な指導者がおらず才能を伸ばせなかったりします。ある種目で強豪校に導いた指導力のある中学校の先生が転勤すると、その先生が赴任した中学が今度は強くなることはあるあるです。

私は中学の部活動とは別に長浜市で全市型のスポーツクラブを作るといいと思います。野球やサッカー、バレーボールなどのメジャースポーツは中学校内の部以外に長浜全市の部を作って各中学から参加すればいいと思います。そしてその部は中学を卒業した高校生や社会人が入ってもいい、小学生も入部できる完全なクラブチームにします。社会人が参加することで指導者も集めやすいですし、子供たちにとっても刺激になります。

陸上や水泳といった個人種目はクラブチームだけでいいと思います。これらの種目は優秀な指導者の下でないと育ちませんし、特に水泳はプールのない中学のことを考えると施設の投資面からもその方がいいと思います。

文化系についても演劇部や合唱部など、ある一部の中学にはない部活についても全市型でいいかと思います。

集合して練習する場所までの移動の問題など様々な問題がありますが、事情は種目により様々あると思いますのでひとつひとつ解決していけばいいかと思います。

副産物としては中学校教員の部活の時間が軽減されますので、教員の労働問題にとってもいい方向になるのではないかと思います。

カップルを成立させたら報奨金——少子化対策

最も人口増を期待できるのは子供が生まれることです。全国的な調査では結婚した夫婦は子供を持つことが多いようで、子供の数を増やすには結婚するカップルを増やすことであると言えます。現代の若者は高学歴でしかも就職してからの収入が低いなどの理由で晩婚化が進んでいます。

自治体によっては結婚祝い金などを出して結婚を促進していますが、私は結婚を世話した人（法人は除く）に報奨金を差し上げる方が成果は上がると思います。昔は世話好きの方がいらして身近に若い男女がいるとお見合いさせたり、付き合わせたりしたものです。しかし近年は個人情報の問題やジェンダーの問題などで、そのようなことをわざわざしようという人が減ってきていると思います。

そこでその人の紹介で結婚が成立した場合は世話人に5万〜10万円差し上げるという制

度を作ってはどうかと思います。結婚して長浜市に居住した人が申請書に世話人の名前を記入すれば世話人に報奨金が支払われるという仕組みです。

それにより積極的に身近な人同士を紹介して結婚させようとする人が増えてくると思います。施策が盛り上がれば1年間で最も結婚させた世話人を長浜市が表彰してもいいと思います。

過疎地域をできるだけ住みやすく

長浜市北部のうち、旧余呉町、旧西浅井町は過疎化が進んでいます。余呉町では昭和35年6344人だった人口が平成2年は4672人、令和2年には2962人にまで減少しています。今後も高齢化が進み、ますます人口減少が予想されます。地域によっては限界集落になる恐れもあります。

過疎地域の対策としては医療や交通などのライフラインを維持していくこと、産業を回復させて人口の流出を防ぎ、できれば移住もしてもらえるように地域を復興させる必要があります。

医療については市立湖北病院からの訪問介護を強化するとともに、北近江ＩＣＴ協会が開発するオンライン診療と組み合わせていきます。さらに湖北病院と連携して高齢者や障害者の見守りを行います。

交通ですが、一般人によるタクシー業務は「白タク」として原則禁止ですが、ドライバー不足が深刻な過疎地などでは例外を認める制度があります。「白タク」をやってくださる方がいらっしゃれば、ぜひお願いしたいです。

整備の遅れている道路の補修などは県の方に要請していくしかありません。また除雪車の費用の一部を自治体が負担していますが、こちらは市が基金を設立して全額負担していくべきと思います。

過疎地域の実際の見守りには集落支援員を活用します。集落支援員は総務省の支援制度で、地方自治体が、地域の実情に詳しい人材で、集落対策の推進に関してノウハウ・知見を有した人材を「集落支援員」として委嘱します。集落支援員は、集落への「目配り」として、集落の状況把握、集落点検の実施、住民と住民、住民と市町村の間での話し合いの促進等を実施します。支援員1人あたり350万円を上限として国からの補助金がでます。

余呉地区や西浅井地区にもプログラミング塾を設置し、北近江ICT協会の幹部職員を配置しますが、この地区は重点地区であるため、できれば幹部職員と集落支援員がご夫婦でこの地区に常駐してもらえるといいかと思います。

9　五人組を作って起業しよう

五人組制度を作って起業

経済の活性化のためには市民の起業を促進することが必要です。企業の下で働くよりも自分たちのアイデアを活かしたり、自分たちの生活スタイルに合わせたりしながら仕事をしていくためには自分で会社を設立すべきと思います。

私はできるだけハードルの低い起業の方法として五人組制度を提案します。この「五人組制度」とは一言で言うと、「5人がまとまって会社を作って運営しよう」ということです。

例えば仲のいい子育て主婦の3人がいるとします。なかなか子供の面倒を見てくれる人がいません。また自分たちに合ったいい仕事も見つからない。そこで五人組会社をつくろうとします。彼女らは4人目として子供たちの面倒を見てくれるシニアの女性を加えます。さらに5人目として会社をリタイアした顔の広い年金暮らしの男性を加えます。その男性に営業活動を依頼します。働きに応じて5人で報酬を分配します。子供の面倒を見たシニアの方にも当然報酬が支払われます。もちろんこれは一例ですから色々な五人組が考えられます。

我が国は日本人が古来から持つ、勤勉さ、実直さ、助け合いの精神で繁栄した社会を形成してきました。戦後日本企業は「終身雇用」「年功序列」「企業内組合」の三種の神器を用いて成長しました。敗戦後壊滅した日本経済を立て直し世界第二位の経済大国にまで押し上げました。しかしながらバブル崩壊後、欧米から入ってきた実力主義、規制緩和、アウトソーシングなどにより三種の神器は崩れ、過去三十年間経済は停滞しました。

もちろん、過剰な財政規律で経済を停滞させた政府の財政政策には大きな問題点がありま す。しかし私はマクロ経済の改革による経済の立て直しではなく、ミクロ経済の視点からこの「五人組制度」という活性化案を提案したいと思います。日本人の勤勉さ、実直さ、助け合いの精神を資本主義と組み合わせる案なのです。

五人組と言うと多くの方が江戸時代の五人組を思い出されると思います。イメージとしては5人の連帯責任でお互いが監視し合う仕組みと思われるでしょう。

私の言う「五人組制度」とは古来中国での戦争の際に用いられた制度です。彼らは戦争の際、最小の戦闘単位として5人のチームを形成します。5人がまとまり、あるときは攻め、あるときは守る。大群に対しては20の五人組がまとまり１００人軍で戦う。それが千や万の軍になっていく。

皆さんは『キングダム』という漫画を読まれたことがありますか？　発行部数七千万部と言われていますので多くの方がお読みかと思います。この『キングダム』で五人組が登場します。

これは古代の話ですが現代でも中国ではこの考えがあるようなのです。私は仕事で中国のEコマースを運営する若者たちとの付き合いがあります。実は彼らも五人組を形成しているのです。一つのブランドを引き受けてそのブランドの広告、運営を５人チームで行うのです。これは政府の政策上そうなっているわけではなく、彼らの経験上そうなっているのでしょう。古来から５人でチームを結成することが最も効果的ということが経験上あるのかもしれません。

それではこの「五人組制度」の展開方法です。まず仲のいい５人、あるいはマッチングされた５人が出資者となり株式会社を設立します。資本金は25万円を想定しています。そして５人が役員となり会社を運営します。取締役会で代表取締役を決定します。代取は複数でも構いません。会社の経営方針、どうやって事業をのばすか決めます。そして公平な皆の役員報酬を決定します。つまり既存の制度をそのまま使うのです。

この話は能力のある起業家向けかと思われるかもしれませんが、そうではありません。全ての人、まだ仕事に就いていない若い方、子育て中の主婦の方、リタイアされたシニアの方、そして既に会社にお勤めの方、全てに当てはまる制度なのです。まだ何の仕事をすればいいか決まっていない人でも取りあえず起業してみようという提案です。

起業する場合、一人で起業するのは心細いです。仲間がいることで苦しい時は元気づけられますし、嬉しい時は喜び合えたりできます。また、重要な決定をする場合、5人の合議で決定できることは大きいことです。

1点だけ市の支援施策として加えたいのは、できるだけメンバーに中小企業診断士を加えるということです。中小企業診断士は5人の中の1人でも、プラス1名でも構いません。経営のプロが加わることで的確なアドバイスを受けることができます。

法人となることで社会的な信用力が増します。さらに信用力を加えるのであれば社会的な信用力の高い年配のメンバーを加えるのもアイデアの一つです。

会社の中での働き方は全員が役員なので労働基準法や働き方改革などに影響されず、長時間働きたい人は働けますし、週に数時間という働き方も可能です。働き方の違いは合議して報酬に違いを出せばいいのです。

税法上もサラリーマンで働くよりも会社組織にした方が節税効果を得やすく有利です。また、補助金を受けられたり、金融機関などからの融資も受けやすいのです。最近では融資の際に代表取締役が連帯保証人にならなくてもよくなっています。

でも会社を設立するなんて資金が必要じゃないかと思われると思います。しかし、この私の提案では資本金25万円の会社が前提です。会社登記の際にかかる費用の約25万円のみの出資と考えてます。つまり5人が各自5万円だけ出資していただきます。

基本となるのは五人組会社がアウトソーシングを受注して売上としていくことです。例えば、ＩＴに強い若者が中心の会社であればホームページ制作やＳＮＳ運営業務の受注、主婦が中心であれば家事代行やベビーシッター業務、シニアであれば介護や軽作業などを受注します。

それでは展開例を説明します。

シニアの起業

人生１００年時代と言われます。国は企業に定年延長を推進させることでシニアの雇用を促進しようとしています。しかし、それは企業に負担をかけるだけではなく、若年層の仕事を奪うことになり、抜本的な改革にはなりません。

シニアの人たちは、体が健康なうちは生きがいを持って働きたいと思っています。シニアが仲間同士で会社を作り、自分たちが貢献できる仕事を考えます。特に地域に根差したサービスを受注するのがいいでしょう。ご老人が頼みにくい仕事を有料で受注して会社の売上にするというのもいいでしょう。

仕事が終わったら皆で飲食を楽しみ、その経費は会社の会議費や接待費で落とせます。皆で生きがいを見つけられます。またシニアを雇用した場合、会社がハローワークから補助金も受けられる優遇施策もあります。

シニアの収入が上がってメンバーが社会保険料を支払えるようになれば国の社会保険費も軽減できるというものです。

子育て主婦の起業

長浜市では未だ待機児童問題が解決していません。それを解決するため、子育て主婦同士が会社を設立します。シフト制で当番となった人はメンバーの子供の世話をしたりメンバーの夕食を用意したりします。メンバーの収入は勤め先と交渉して業務委託費として会社に送金してもらいます。消費税は別途請求します。実は勤め先としてもアルバイトであれば人件費となり消費税は相殺できませんが、業務委託費であれば消費税を相殺できるので有利なのです。五人組会社としても1年目は消費税は国に納めなくてもいいし、売上が年間1千万円以下なら消費税は免税となります。務め先との交渉が難しければ診断士に同行してもらえばいいのです。

メンバー間で分配のルールを作り、子供の面倒をみたことも業務として給与が発生することになります。つまり主婦の仕事が業務となるのです。メンバーのうちの一人の住まいを事務所にすれば、その家賃を経費で計上でき節税効果があり、皆の手取りも上がります。皆で新しいビジネスを始めようということになれば女性起業家に対する補助金もでます。

派遣労働者が起業

派遣労働者5人が会社と交渉して、派遣ではなく、五人組会社が請負として業務を行います。派遣の場合は派遣先社員の命令の下で働きますが、請負の場合は業務自体を請負うことになります。派遣会社が企業から時給2500円で受注して、派遣社員が時給

1300円で労働していている例ですと、多くを派遣会社に搾取されていることになります。派遣を雇う企業側からすれば五人組会社に請負で出した方が安く業務を委託できますし、労働者側も多く収入を得られます。

労働者から見ると交通費など様々な経費が会社の経費で落とせ手取りも多くなります。

大企業を定年退職したメンバーを営業社員として加えることで、請負先の開拓が進み、業務の拡大も期待できます。

例えばドラッグストアチェーンの支店の運営自体を請負で受注するなど新たな展開の可能性もあります。どういうことかと言うと、交通の便が悪く、なかなかアルバイトが集まらないドラッグストアやコンビニがありますが、こちらの店舗の運営自体を全て五人組会社が運営しようということです。経営者はアルバイトの募集やシフト作りに苦労することから解放されるのです。

会社員の副業

現代の会社員は終身雇用がほぼ消滅した厳しい現状です。大企業といえども早期退職を募るのが当たり前の時代になりました。会社に勤めながらも将来の起業を考え、取りあえず会社を設立してみましょう。そしてメンバー同士のアイデアが熟して会社も軌道に乗り始めた段階で一人ひとり現在の会社を退職して五人組会社に移籍していきましょう。

副業禁止の会社も多いですが、勤め先の業務との利益相反や利益誘導がない限り、どの会社でも副業ができるように規制を緩和していきたいです。

アイデアによっては国からの大型の補助金や融資も受けられます。例えば新創業融資制度のように、新たに事業を始める方や事業を開始して間もない方が無担保・無保証人で上限3000万円まで利用可能な融資制度もあります。そのための計画書作成などは診断士の指導で作成することができます。

若者の起業

私見ではありますが、日本の若者は起業家精神が弱いです。アメリカではビル・ゲイツやマーク・ザッカーバーグなどを例に出すまでもなく大学生の間から起業して大会社にした起業家も珍しくありません。大学生は入学したら1年生から五人組で会社を設立すべきと思います。

若い人で取り組みやすいのはＩＴを活用した仕事です。まだまだＨＰを自社で制作できない会社は多いですし、SNSを使った広告運営はどの会社も手が回りません。例えば街のパン屋さんに交渉して毎日のお奨めのパンをインスタに上げたり、ツイッターで集客するサービスを月額3万円で受注する事業はどうでしょう。これを数店舗から受注して売上にしていきます。個人で営業するのは抵抗がありますが、会社名で営業するのはやりやすいです。

人に雇われてアルバイトするよりも自分で会社を経営した方が、ずっと勉強になります。会社がうまくいけばそのまま就職してもいいのです。メンバーには診断士も付くし、社会人経験豊富なメンバーを加入させればさらに勉強になります。

中小企業診断士の指導を受けよう

このように様々な人たちにとってこの五人組制度は有効です。

この五人組制度は、失業者の再就職支援、子育て世代の支援、シニアの生きがい創出、社会保険費用の軽減、社会的弱者の社会参加、若者の起業支援、新ビジネスの創出、などの多くのメリットが享受できるアイデアです。

この五人組会社が数多く起業することで社会が活性化して、経済的成長につながればよいなと思います。

ここで中小企業診断士について述べておきたいと思います。中小企業診断士は経営コンサルタントの国家資格であり、資格取得は非常に難しい資格です。しかし取得しても診断士だけで生計を立てている人はほんの一握りで80%以上の診断士が仕事をしていません。これは他の士業と違い、診断士にしかできない業務がないことが大きいのです。現在約2万6000人の診断士が全国にいますが、年々数が減っています。これは毎年の資格合格者よりも更新しない人が多いということです。

この五人組制度で社会を活性化させていくためには過去に資格取得して現在更新していない人も再取得できるように制度を変更した方がいいと思います。

診断士が五人組会社を1社担当すれば最低月額5万円の報酬が得られるようにします。10社担当すれば50万円で、診断士で食べていける人が増えます。中小企業診断士は社会の中に埋もれている、もったいない財産であると思います。

10　さあ！　何からスタートさせましょうか

これまで様々な施策の提案をしてきました。ではこれをどういう順番で行っていけばいいかというと、まずは投資が少なく効果の期待できる施策、次に他の投資が期待されて効果の期待できる施策、最後に投資が必要で市の財政出動が必要かもしれない施策です。

①投資が少なく効果の期待できる施策

プログラミング塾関連（ユーチューバー、プログラマーなどの育成）については総務省の地域おこし協力隊の補助金が活用できますから取り組むのは容易と思います。

②他の投資が期待されて効果の期待できる施策

林業&eスポーツ法人についても森林環境贈与税の活用や中小企業庁の各種創業支援金、クラウドファンディング、ゲーム業界や林業業界などからの企業投資、各種ファンドなど様々な投資先が期待できますから、市の財政負担はそれほどなく起業できそうです。

③投資が必要で市の財政出動が必要かもしれない施策

農産品のサブスク通販や化粧品ブランドの施策には投資が必要です。市の他の予算を振り替えたり、支援者や協力者が現れれば実行できそうです。

観光地のVR／AR事業については5千万円程度の投資が必要です。①②などの進捗で資金が回せそうであれば実行できます。

まずは①②から始めて、その他の施策の実効性についてさらに詳しく検証できればと思います。その他、それほどの投資もなく実行できそうであれば進めていければと思います。

兎に角、人口減少問題は日本全体の問題です。その中で長浜市が生き残り、これからも住みよい街として生きながらえていくためには大きなチャレンジが必要です。

長浜市のテーマはチャレンジ&クリエイションです。まさに本書で提案した施策は全て挑戦と創造の施策ばかりです。これらに取り組んで長浜市を創生していく道を推進していければと思います。

付録　もう一人の義経

第一回長浜ものがたり大賞（奨励賞受賞作品）

梅本博史作

作品の背景

源山本義経は長浜が輩出した隠れたヒーローです。このもう一人の義経の足跡は、歴史の上では木曽義仲が敗れたところで途絶えています。しかし、死亡したとの歴史もありません。当時は山本義経も著名人でしたので記述がないのも不可思議です。

一方、ちょうどそのころから歴史上で活躍するのは源九郎義経です。九郎義経はそれまで小規模の戦闘しか経験していないのに、戦上手に奇襲戦法を掛けたり、やったことのない海戦で勝利したりします。これは湖賊出身の山本義経の戦い方です。

長浜出身で山本義経贔屓の私としては、政治面は九郎義経が行い、軍事面は山本義経が行ったと仮説をたてました。すると奔放な山本義経というキャラクターが、初期の戦いにおいて近江で敗れた平知盛と最後に壇ノ浦で再戦し勝利するというドラマが生まれます。この作品で山本義経が脚光を浴び、戦国時代以外の、旧湖北町からの、長浜の新しいヒーローの誕生を後押しできればと願います。

人物

源山本義経	近江源氏・棟梁
源柏木義兼	近江源氏・山本義経の弟
源九郎義経	鎌倉源氏
平知盛	平氏
平宗盛	平氏・棟梁
平教経	平氏
源頼朝	鎌倉源氏・棟梁
木曽義仲	信濃源氏
源範頼	鎌倉源氏
土肥実平	鎌倉源氏
渡辺党棟梁	摂津源氏
安徳天皇	天皇
二位尼	安徳天皇の祖母

清和源氏略系図

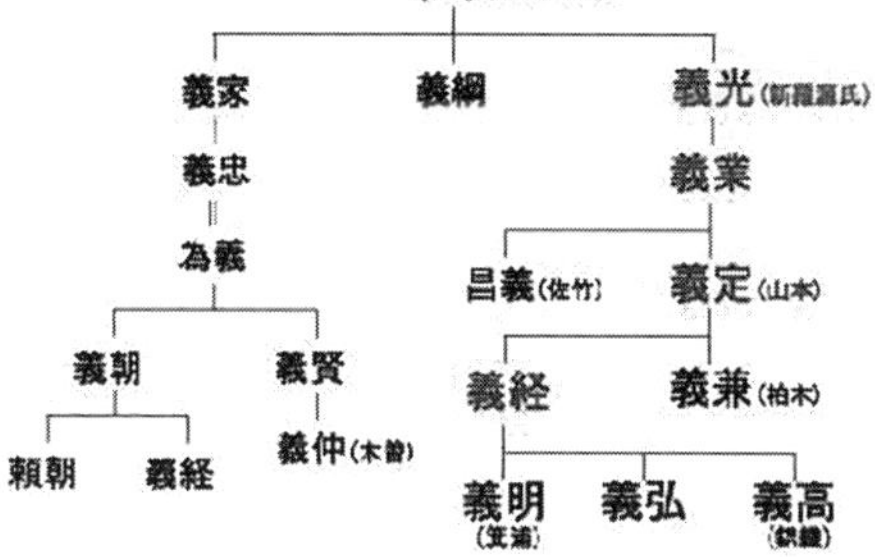

○琵琶湖

タイトル「琵琶湖」

美しい水面。煌びやかな運搬船が渡っている、船首には貴族のような装束の武士が2名立っている。

武士A「これが琵琶湖か。まるで海のような広さじゃ」

武士B「お前、琵琶湖、初めてじゃったか？」

武士A「ああ、わしはこの任を任されたのは初めてじゃ」

武士B「わしは毎年、都に貢物を届ける任を任されておる。この琵琶湖を渡ればすぐに都じゃ」

武士Aが指差す先に数艘の船団がやってくる。

武士A「あれは何じゃ？」

船団が近づいてくる。先頭の船には山本義経が乗っている。

タイトル「山本義経」

慌てる運搬船の上の武士たち。

武士B「湖賊じゃあ！」

義経、ニヤニヤしながら、

義経「かかれえ！」

義経たち湖賊が運搬船に乗り込む。運搬船の武士は刀を抜いて必死に応戦しようとするが船の上でバランスを崩す。湖賊たちが次々と武士を斬って湖に沈める。

運搬船の宝物を自分たちの船に移す。運搬船に火を放ち、沈めてしまう。

義経「水の上じゃあ、わしらにかなうわけないやろ」

義経、腕を組んで船首に立ち、意気揚々と引き上げる。

ナレーション（N）「この男、源山本義経という。かの有名な源九郎義経と同じ時代に生きたもう一人の義経である。九郎義経は八幡太郎義家を祖にした源氏であったが、山本義経も八幡太郎義家の弟新羅三郎義光を祖にした由緒正しい清和源氏であった。山本義経は近江を支配していた、いわゆる近江源氏であった」

○京　後鳥羽上皇邸

タイトル「後鳥羽上皇」

後鳥羽上皇が詔を発している。

N「当時の京は平氏に支配されていた。しかし、後白河上皇が平氏に対抗し、源氏たちに

『平氏討つべし』との令旨を発せられた。源氏はこれに従い、全国で蜂起した。山本義経は湖北の山本山を拠点として、北陸から京に送られる年貢を襲っていた」

○山本山

タイトル「山本山（現長浜市湖北町山本）」

湖畔にそびえる山。

義経の部下たちが年貢を山に運んでいる。

義経、仲間たちと酒を酌み交わしている。となりに柏木義兼が座って豪快に酒を飲んでいる。

タイトル「柏木義兼」

義兼「兄者、今日も勝ち戦やったなあ」

義経「当たり前やわい！　わしが船上の戦で負けるわけがないやろ」

義兼「そりゃあ、そうやなあ」

高笑いする義経と義兼。

○京　平宗盛の館

貴族のような格好をした平宗盛が座っている。

タイトル「平宗盛」

平氏家来Aが宗盛の前に跪いて報告をしている。

平氏家来Ａ「北陸からの年貢がまたもや琵琶湖の湖賊に奪われました。このところ北陸からの年貢が滞っております る」

宗盛「なんで湖賊ごときにやられる」

平氏家来Ａ「湖賊と言っても源氏の武士です」

宗盛「源氏だと」

平氏家来Ａ「先般、我らが家人藤原景家様もやつらに討たれました」

宗盛「何というやつだ」

平氏家来Ａ「源山本義経と申す者です」

宗盛「山本義経か！　こしゃくなやつめ。おい、知盛を呼べ！」

平知盛が現れる。精悍で大柄な男。

タイトル「平知盛」

知盛「兄者、お呼びでしょうか？」

宗盛「知盛、近江で源氏が暴れておる。お前が鎮めてまいれ」

知盛「承知しました。田舎侍なぞ、この知盛が討ちとってみせましょう」

○近江

平氏の精鋭軍が次々と源氏の軍を殲滅している。知盛の得意げな顔。逃げる義経と義兼。

義経「あいつら強い。わしらの方が兵の数では多いのに」

平氏は民家に火を放っている。逃げまどう村人。

義経「あいつら村人まで手をかけるか！」

逃げる義経。

○知盛陣営（夜）

平氏軍が寝静まっている。闇の中から義経たちが見ている。

義経「いけ！」

源氏の兵が雪崩打って平氏の軍を攻める。

平氏家来B「奇襲じゃあ！」

平氏兵が飛び起き対戦するが源氏の兵に斬られる。

　寝ていた知盛のところに平氏家来Bが入ってくる。
平氏家来B「知盛様、源氏の奇襲です」
知盛「奇襲だと！　こざかしいヤツらめ」
　平氏の武士が体制を整え、源氏に襲いかかる。逃げる源氏の兵。
　平氏の軍の中から大男の平教経が現れ、大太刀を振り回す。
タイトル「平教経」
　教経に大勢の源氏兵が斬られる。助太刀に入った義兼が教経に斬られる。
義経「義兼！」
義兼「兄者、わしは大丈夫や。先に行ってくれ」
　戻ろうとする義経。しかし部下に抑えられ、一緒に逃げる。
義経「義兼！　何としても生きのびるんやで」

○円城寺
　寺の広間で僧兵たちと源氏の兵が車座になっている。中央に義経がいる。

N「当時の近江は近江源氏と円城寺の僧兵、そして延暦寺の僧兵が三大勢力だった。新羅三郎義光の時代より近江源氏は円城寺とは縁があり、友好関係を保っていた。近江源氏たちは円城寺に立て篭もって平氏と交戦していた」
円城寺僧兵「そうですか……義兼殿が討たれましたか……」
義経「きっと義兼は生きとる」
円城寺僧兵「これからどうやってこの現状を打開するんですか？」
義経「わしに妙案がある」
円城寺僧兵「何ですか？　妙案って？」
義経「あいつらと組む」
円城寺僧兵「あいつらって？」
義経「延暦寺や」
円城寺僧兵「延暦寺って、やつらは常にわれらの敵やないですか。義経殿かて」
義経「ああ、わしもあいつらとのいざこざでこの前まで佐渡に島流しにあってた。でも今は非常事態や」

○比叡山　山中

義経が数名の手勢を連れて山の中を歩いている。僧兵が出てきて取り囲む。義経たちと僧兵が睨みあう。

延暦寺僧兵「何や、お前は」
義経「わしは近江源氏の山本義経や。お前らの親分に取り次げ」
　僧兵たちに囲まれて山を登る義経たち一行。

○同　延暦寺
　タイトル「比叡山　延暦寺」
　義経が僧兵たちに囲まれている。
延暦寺僧兵「近江源氏が何の用や。義経、お前と我らは遺恨があったはずや。それをのこのこと」
義経「おうよ。わしもお前らの顔など見とうないわ」
　「何やと」と見構える僧兵たち。
延暦寺僧兵「そんならなんでここに来た？」
義経「お前らは嫌いやけど、わしは平氏がその何十倍も嫌いなんや。お前らも平氏は大嫌いやろ」
延暦寺僧兵「ああ、平氏はわしらの一番の敵や」
義経「一番嫌いな奴らが平氏というのは共通やろ。敵の敵は味方や。ここは手を組んでわしらや円城寺とも手を組まんか？」
延暦寺僧兵「休戦ということか？」
義経「そうや」
N「こうして近江三大勢力が手を結び、対平氏連合ができあがった」

○京　平宗盛の館
平氏家来Aが宗盛の前に跪いて報告をしている。
平氏家来A「宗盛様、延暦寺と円城寺と近江源氏が手を結びました」
宗盛「延暦寺と円城寺は敵対していたではないか」
平氏家来A「それが……山本義経が結び付けたようです」
宗盛「なんだと！　また義経か」
平氏家来A「延暦寺と円城寺の僧兵たちが六波羅に攻めのぼると京で噂になっています」
宗盛「それはいかん。知盛はどうしておる？」
平氏家来A「知盛様は近江源氏を追って北に推しておられます」
宗盛「知盛に言って延暦寺と円城寺を見張り、京に入れないようにさせろ」
N「こうして知盛たちは延暦寺と円城寺を見張ることになり平氏軍は進軍できなくなっ

た」

○近江

　義経とその家来が高台から平氏軍の様子を見ている。

源氏家来Ａ「義経様の思惑通り、平氏のやつらここから動けなくなりました」

義経「ああ、成功やな。夜の奇襲は続けえや」

源氏家来Ａ「奇襲攻撃はわれわれの得意技ですからね」

　京方面から大勢の軍が進軍してくる。

義経「何や、あれは」

源氏家来Ａ「平氏の援軍です」

　義経と源氏家来が坂を駆け下りる。

Ｎ「均衡状態は長くは続かなかった。平氏は知盛に援軍を送り形勢は平氏に傾いた。平氏は延暦寺、円城寺を攻めた。義経たちも円城寺から出て戦ったがどんどん北に押し込められた」

　源氏軍が平氏軍に攻められて逃げている。知盛が馬に乗り号令をかけている。

知盛「源氏を叩きのめせ！」

教経が大太刀を振るっている。

教経「うおりゃあ！」

義経たちが逃げる先に山本山がそびえている。

○山本山

義経が山頂から下を眺めている。平家軍にぎっしりと詰められている。

義経「くそ！　包囲されたか」

知盛が得意げな顔をしている。

知盛「義経め。手を煩わせおって。覚悟しろ」

平氏軍が山を登る。山中に源氏の組んだ仕掛けがある。丸太が落ちて来て平氏が倒れる。平氏が足止めを食い、隠れていた源氏から一斉に矢を射かけられる。しかし、平氏軍はどんどん山頂に向けて上がってくる。

源氏家来「義経様、お逃げください」

義経「わかった。お前らもさっささと逃げえ」

義経と数名の手勢が山を一目散に下りる。山中を進んでいく。

平氏の兵が一人立っている。義経が刀を抜いて平氏の兵に斬りかかる。何なく受ける平氏の兵。
義経「お前は!?」
平氏の兵は義兼だった。
義兼「兄者、久しぶりやのう」
義経「義兼！　生きとったか」
義兼「皆を助けに来ようとここまで来たんやが平氏ばかりで近づけん。そこで平氏に化けてここまで来たんや」
義経「義兼、ここはもうあかん。退却や」
義経と義兼、山を走り下りる。義経の部下たちが斬られる。
義経「知盛の野郎！　この恨みはらさでおくべきか！」

○美濃
タイトル「美濃」
義経と義兼が平氏軍と戦っている。義経と義兼、平氏軍に圧され、物陰に隠れる。
義兼「美濃も苦戦しとるなあ」
義経「ここでも平氏は中々強いぞ」

後ろに人影が。振り向く、義経と義兼。
義経「誰や⁉」
源氏の兵が立っている。
土肥「私は源頼朝の家臣土肥実平と申す者です」
タイトル「土肥実平」
義経「頼朝？　東国で平氏打倒に立ちあがったお方やな」
土肥「近江源氏の山本義経様、柏木義兼様とお見受けいたしますが」
義経「そうや」
土肥「私はお館様の命で西国の様子を見に参った。近江は大変でござったな」
義経「ああ」
土肥「鎌倉へ来られませんか？　お館様にご紹介したい」
義兼「鎌倉へ？」
義経「面白そうやないか。東国の首領頼朝の顔を拝んでみたいもんや」

○鎌倉
タイトル「鎌倉」

土肥を先頭に寺の石畳を歩く義経と義兼。市が立っている。
義経「ほう、ここが東国の都鎌倉か」
義兼「京の都とはえらい違うな」
土肥「京は貴族の都。鎌倉は武家の都でございます」
義経「武家の都か」
街並みをキョロキョロ見る義経。

○頼朝邸
源頼朝が上座に座っている。冷徹そうな顔つき。
タイトル「源頼朝」
下座に土肥と義経と義兼が座っている。土肥が深く頭を下げる。それを見て義経と義兼も倣う。
土肥「近江源氏の山本義経様、柏木義兼様でございます。お館様に拝謁に参ってもらいました」
義経「(小声で)拝謁やて?」
頼朝「源頼朝だ」

義経「源山本義経でござる」
義兼「源柏木義兼でござる」
頼朝「……」
義経「……」
義兼「……」
頼朝「共に平氏を討ちとろうぞ」
土肥、「ははあ」と言って頭を下げる。義経と義兼も渋々頭を下げる。頼朝が退席する。

○鎌倉　市中
義経と義兼が街を歩いている。
義兼「土肥の野郎にだまされたな」
義経「ああ、わしらが頼朝に拝謁したことになってしもた」
義兼「第一、わしらは清和源氏の源頼義から数えて4代目や。頼朝は5代目やろ。そんなららわしらの方が格上やろ」
清和源氏の家系図。

義経「その通りや。それを頼朝はわしらを家来のように扱いよった」
義兼「それにしても頼朝は愛想のない男やったな」
義経「ああ、食えない男や。何考えてるかようわからんわ」
　義経と義兼の話を若い男が物陰から聞いている。

○同　寺内

　義経と義兼の前に源九郎義経が現れる。
九郎「お前ら、兄の悪口を言っておったな。聞き捨てならんぞ」
義兼「誰や、お前は」
九郎「我こそは源頼朝が弟源九郎義経だ」
義経「お前も源義経か」
　刀を抜く九郎。
義兼「短気な奴やな。わしらに刀を抜くんか。知らんぞ、お前」
　義兼、刀を抜いて九郎に斬りかかる。
九郎「名も名乗らんと斬りかかるとは無礼なヤツめ」
　義兼の太刀を難なく受け止める九郎。

義兼「ほう、やるやないか」
　義兼とともに義経も斬りかかる。
九郎「二人がかりとは卑怯な」
義経「お前、太刀はうまいが、戦の経験はないな」
　義経、足元の土を取って九郎の顔に投げつける。九郎、眼つぶし状態になる。
九郎「卑怯な！」
　義経、九郎を地面に押さえつける。
義経「戦に卑怯もクソもあるか。殺るか殺られるかや」
　義経、九郎の顔を足で踏みつける。九郎、悔しそうな表情。
義経「お前のような小僧を相手にできんわ。そんならな」
　義経と義兼が手を振って去っていく。後を追う九郎。
九郎「待ってくだされ。名のある武将とお見受けします。私の家に来てくださらないか」
義経「ええわ。別に」
九郎「奥州から届いたうまい酒もござる。ぜひに」
　義経と義兼、立ち止まる。
義経・義兼「酒か……」

義経と義兼、舌舐めずりする。

○九郎邸

義経と義兼と九郎が酒を酌み交わしている。

九郎「そうでござったか。貴殿も源義経か。しかも同じ清和源氏を祖にする者同士。親戚でござるな」

義経「そうや。しかもわしらが格上やぞ」

九郎「そうでござるな。近江源氏ということは京にもよく？」

義経「おお、わしらは京武士でもあるからのう」

九郎「実は私は京の鞍馬で育った。しかしわけあって奥州の藤原秀衡様の下で厄介になっていました。しかし腹違いの兄の頼朝の挙兵に呼応して鎌倉に馳せ参じたのです」

義兼「そうやったか」

九郎「もっと、戦の話をお聞かせください」

義兼「おうよ。わしらは琵琶湖に浮かぶ平氏の船を残らず沈めた。そして延暦寺の僧兵とも組んで平氏と戦ったんや」

九郎「平氏はどうでした？　強かったですか？」

義経「平氏は強いぞ。特に平知盛は格別に強かった」
　義経と義兼と九郎が笑い合っている。

×　×　×

　朝、酔いつぶれて寝ている義経と義兼と九郎。九郎が起き上がる。義経が目を開ける。
義経「九郎……」
九郎「何でござるか？」
義経「お前、頼朝には気を許すなよ」
九郎「兄のことを悪く言うのは義経様でも許しません」
義経「いや。老婆心で言うてるんや。これは勘や。そやけど、わしの勘は当たるんやぞ」
九郎「わかりました。肝に銘じておきます」

○北陸
　木曽義仲が馬に乗り、平氏軍を蹴散らしている。

　タイトル「木曽義仲」

N「木曽義仲ら反乱軍が北陸や東海道で勢いを増し始めた。義経と義兼は鎌倉から近江に戻り、近江源氏の残党を再結集させて義仲の軍勢に加わった」

○近江

義仲の諸侯、義経と義兼が車座で話をしている。

義兼「勢いとは恐ろしいもんや。あれほど苦戦していた近江を取り戻せるとは」

義仲「近江を制圧できれば京は我々で完全に包囲できる。そして入京だ。そのためには……」

義経「延暦寺やな。あいつらがこちらの反乱軍に与してくれれば近江はこちらのもんや」

義仲「延暦寺がこちらに付くか」

義経「わしが交渉しよう。それともう一つヤツらに頼みたいことがあるんや」

義仲「何じゃ」

義経「後鳥羽上皇を匿ってもらう」

義仲「え？」

義経「わしらが京を包囲すれば平氏はきっと天皇を伴って都落ちする。その時、最高権力者の後鳥羽上皇もきっと連れ出そうとするはずや。その時、何としてでも上皇には京にとどまってもらわなあかん」

義仲「しばらく延暦寺に逃げてもらうのか？」
義経「そうや」

○京
　義仲軍が京に攻め入っている。

　宗盛が安徳天皇を連れて逃げようとしている。

　タイトル「安徳天皇」

N「延暦寺と与した反乱軍は京を包囲した。平氏は安徳天皇と三種の神器を持って西国へ都落ちした。後鳥羽上皇は比叡山に入り難を逃れた。こうして京は平氏から源氏のものになった」

　後鳥羽上皇が輿に乗り入京している。

　錦織義高が隊の先頭を歩いている。

N「後鳥羽上皇が入京した。その隊の先立ちは義経の子錦織義高が務めた。京に戻った後鳥羽上皇は義仲に平宗盛追討の院宣を与えた。こうして反乱軍が官軍となり、逆に平氏が賊軍となった。義経と義兼は市中守護を命じる院宣を受けた」

　狼藉を働く反乱軍。民家に入って飯や酒を奪う。女房を襲う。

N「しかし義仲の天下も長くは続かなかった。京に大量の反乱軍が入ったことで京は食糧難となった。反乱軍の中には狼藉を働く者が多かったが、義仲らはそれを取り締まれなかった。そのことで後鳥羽上皇の義仲に対する信用は落ち、上皇は鎌倉の頼朝を頼るようになった。それにより上皇と義仲の対立は激化し、義仲と頼朝の対立にも及んだ」

○京　義経宅
　　義経と義兼が酒を飲みながら話している。
義兼「義仲の評判は悪いなあ」
義経「ああ、反乱軍の略奪を認めるようなことを言うてるらしい」
義兼「義仲に付いて行く諸侯はほとんどおらんようや」
義経「わしらも含めて、皆、義仲の家来というわけではないからなあ」
義兼「鎌倉が兵を京に送ったらしいで」
義経「とうとう義仲と頼朝の戦いか？」
義兼「兄者はどっちに付くんや」
義経「どっちにも付かん。源氏同士の戦いには興味はないわい」

義兼「そういえば鎌倉の大将は頼朝の腹違いの弟範頼と九郎らしいで」
義経「あの短気な小僧が大将か？」
「意外」という表情の義経。

○京
九郎たち軍勢が京に入京している。
N「源九郎義経らが京に入った。反乱軍の多くが義仲ではなく、鎌倉軍に付いた」

○京　義経宅
義経が一人酒を飲んでいる。源氏家来Aが入ってくる。
源氏家来A「義経様。義経様に会わせろと若い武家の男が来ています」
義経「誰や？」
源氏家来A「源氏の名のある武将のようなのですが、義経と名乗っています。どういうことでしょうか？」
義経「義経？　九郎だな。通せ」
九郎が部屋に入ってくる。

九郎「お久しぶりです。義経様」
義経「おお。九郎か。鎌倉の大将になったそうやな。大役を任されたな」
九郎「兄から義仲を攻めるよう仰せつかっています」
義経「聞いてる」
九郎「義経様はどちらに付かれる。義仲か我々か？」
義経「わしはどちらにも付かへん」
九郎「え？」
義経「義仲も源氏、鎌倉も源氏やろ。源氏同士の戦いにわしは興味がないんや」
九郎「そうだと思いました」
義経「まあ、そういうことだから帰ってくれ」
九郎「義経様がやりたいことは何ですか？」
義経「そりゃあ、平氏を倒すことや」
九郎「義仲との戦い、きっと我々が勝ちます。義仲に勝った後、我々はすぐに平氏の征伐に向かいます。義経殿、一緒に戦ってくれませんか？　私は戦は素人です。百戦錬磨の義経殿に私の力になってもらいたいんです」
義経「平氏と戦うための戦いか」

九郎「そうです。義仲はそうは考えていないはずです」
義経「わかった。同じ義経としてお前の力になってやろう」
九郎「本当ですか」
　身を乗り出す九郎。

○京
　義仲が鎌倉軍に攻められている。
N「九郎たち鎌倉軍は宇治川の戦いで義仲に勝利した。これにより京は義仲の手から頼朝の手に移った。義経は九郎とともに行動するようになった。九朗は京の治安の回復、朝廷との調整など政治的な仕事を行い、義経は戦について担当することになった」

○瀬戸内海
　タイトル「瀬戸内海」

　瀬戸内海に平氏の大船団が浮かぶ。

N「都落ちした平氏であったが、瀬戸内海を制圧し、中国、四国、九州を支配し数万騎の兵力を擁するまでに回復していた。平氏は福原（現神戸）まで進出し京奪還を目論んでいた」

○源氏　軍議

源範頼と九朗を中心に義経、義兼、その他東国の武士が鎧を着て座っている。

九朗「後鳥羽上皇から平家追討と三種の神器の奪還を命じる宣旨が出ました」

範頼「いよいよ出陣か」

タイトル「源範頼」

九朗「平氏軍は福原に陣営を置いております。そこを攻めましょう」

範頼「わしは大手より5万騎の兵を引いて攻めよう」

九朗「搦め手は義経殿にお願いします。東国の武士1万騎をつけます」

土肥が平伏する。

土肥「義経殿、お久しぶりです。我々がお供します」

義経「おお、土肥実平か」

義兼「鎌倉以来やのう」

義経「知盛はどちらにおる。わしは知盛と戦いたい」

九朗「大手で行きあえるか？　搦め手で行きあえるか？　それはわかりません」

義経「そうか。当たりくじを引ければええんやけどなあ」

○丹波路

タイトル「丹波路」

義経軍が侵攻している。

斥候が義経の馬に駆け寄る。義経の馬の隣に土肥と義兼がいる。

斥候「義経殿、この先の三草山に平氏が陣を張っております」

義経「誰や？」

斥候「平資盛、有盛の兵と思われます」

義経「そうか。前哨戦としては丁度いい相手やなあ。全軍、こちらに陣を張れ。夜になればば三草山を襲う」

土肥「夜襲ですか？」

義経「夜襲はわしらの得意技や」

ニヤッと笑う義経。

○三草山（夜）

タイトル「三草山」

平氏軍が寝ている。義経軍の騎兵が襲いかかる。陣に火をかけられ逃げまどう平氏軍。源氏の兵が次々と平氏の兵を討ちとっていく。

資盛、有盛が敗走していく。

義経「実平、追え！」

土肥「よっしゃあ！」

土肥が資盛、有盛を追っていく。

○摂津

義経軍が侵攻している。斥候が義経の馬に駆け寄る。

斥候「一ノ谷に平氏が本陣を構えています。すでに大手は範頼様が迫っております」

義経「わかった。うちの主力部隊は実平に任せる。一ノ谷の搦め手を攻めよ」

土肥「義経殿は？」

義経「東国の精鋭70騎を出してくれ。わしと義兼と精鋭たちで一ノ谷に奇襲をかける」

○一ノ谷

タイトル「一ノ谷」

平氏の本陣が広がっている。海側から範頼が攻め入ろうとしている。断崖絶壁の上に義経、義兼と東国の精鋭70騎が立ち、下を見ている。

義経「知盛は海側か。ちっ。はずれくじひいてもた」

義兼「でもこちらはヤツがいます」

平氏軍の中に大男の教経がいる。

義経「教経か？　相手にとって不足はないな」

義経が東国の武士たちを振り返って。

義経「皆の者、ええか。わしらはここから駆け下りる」

東国武士「この絶壁をですか？」

義兼「わしらは山本山の山頂からいつも馬で駆け下りとった。こんな絶壁は屁でもないわ。

東国の武士は怖気づいたか？」

東国武士「何を！」

義兼が馬で駆け下りる。

義兼「わしが先駆けや！　待ってろよ教経」

義経や東国の武士たちも義兼に続き、絶壁を駆け下りる。

×　×　×

義経軍が後ろから攻めてきて驚く平氏軍。

義経軍が平氏軍を斬りつける。とまどう平氏軍。義経軍が優勢に戦う。しかし大男の教経が現れて義経軍を圧倒し始める。

しかし、そこに土肥の軍がなだれこんで押し上げる。

義経「実平！」

大手の知盛の軍にも範頼軍が攻め込む。範頼軍は激しく矢を射かけるが、平氏は壕をめぐらし、逆茂木を重ねて陣を固めて待ちかまえていた。平氏軍も雨のように矢を射かけて応じ範頼軍をひるませる。

知盛は必死に防戦するが兵が浮き足立って、遂に敗走を始めた。

○瀬戸内海
宗盛が安徳天皇、建礼門院らと船から浜の戦いを見ている。
タイトル「安徳天皇」
タイトル「建礼門院」
宗盛「これまでだ。船を出せ。屋島に向かう」

船が沖合に出て行く。

○浜

敗走する平氏は停泊していた船に乗り込む。知盛も乗り込む。

知盛「覚えておけよ！」

残された平氏たちを討ちとる源氏の兵。

土肥「よし、我らの勝ちだ」

トキの声を上げる源氏の兵。範頼が義経を見る。

範頼「さすがに戦上手の義経殿じゃ」

浜辺に駆け付ける義経。

義経「おい、追わへんのか！　わしらの船はどこや」

範頼「我らには船がないのだ。それに東国の武士は皆、山育ちで船には乗れんのだ」

義経「何!?　船に乗れへんやて？」

義経、平氏の船が小さくなっていくのを歯ぎしりしながら見つめる。

○京

範頼軍が凱旋する。大勢の市民が喜び迎え入れる。
N「一ノ谷の合戦に勝利した源氏は京に凱旋した。京の民は平氏に勝利した範頼たちを称えた。範頼はそのまま鎌倉に戻った。九郎は上皇より検非違使に任じられ、京の治安を維持すべく京にとどまった。義経は平氏打倒の策を練るため摂津に向かった」

○摂津
タイトル「摂津」
船に義経、義兼ら近江源氏が乗っている。
義兼「兄者、船に乗るのも久しぶりやなあ」
義経「ああ、琵琶湖で湖賊をやっていたのが随分昔のようや」
義兼「なんで、摂津に？」
義経「摂津には渡辺党という海賊がおるらしい。海賊っていうてもれっきとした源氏や」
義兼「源氏の海賊かいな」
義経「言うてる間に海賊に囲まれてるみたいやで」
義経らの船が数艘の海賊船に囲まれている。一艘が近づいてくる。
海賊「誰や！　おまんら。鎧なんか着よって。平氏の落ち武者か？」

義兼「わしらは源氏や！」
　大笑いする海賊たち。
海賊「何がおかしい」
義兼「船に乗れる源氏なんかおらんやろ」
　近江源氏たちがひらりと海賊船に飛び乗り、海賊たちに刃を向ける。何人かの海賊は近江源氏に取り押さえられる。
海賊「な、なんや。おまんら」
義兼「わしらは船の上で戦うのが得意なんや」
義経「おまんら、渡辺党やな」
海賊「そ、そうや」
義経「渡辺党の頭領のところへ連れて行け」
　義経たちの船が海賊たちに曳航されて進んでいく。

○渡辺党の館
　義経と義兼が座っている。渡辺党の棟梁が入ってきて二人の前に座る。
　タイトル「渡辺党棟梁」

渡辺「わいに用って。誰や、おまんら」
義経「源山本義経と申す」
渡辺「山本義経？　あの有名な近江源氏の山本義経か？」
義経「そうや」
渡辺「宇治川の戦いで敗れ、義仲と死んだと聞いてたわ」
義経「それがちゃんと生きてる」
渡辺「その義経が何の用や」
義経「何の用はないやろ。渡辺はん、あんたもれっきとした源氏やろ」
渡辺「もちろん渡辺党は嵯峨源氏や」
義経「その由緒正しい渡辺党が何で源平の戦いに参加してへんのんや。帝から源氏に平氏打倒の宣旨がでてるのは知ってるやろ。そやのに何でおまんらの庭の瀬戸内海に平氏をのさばらしてるんや」
渡辺「そ、それは」
義経「このままやとただの海賊やぞ。源氏の仲間と戦いに参加せんかい」
渡辺「義経殿の言う通りや。わいらも源氏や。参戦する」

○摂津の海
　渡辺党と近江源氏の兵が船の上の戦いの訓練をしている。土肥たち東国の兵も参加して訓練しているが船の上では足場が不安定でうまく戦えない。
海賊「おい、おい、東男はんたちよ、そんなへっぴり腰やと海に落ちるぞ」
　海賊たちが笑っている。
　近江源氏たちは船から船へと移って戦っている。
　義経と渡辺がその様子を見ている。
渡辺「東国の武士には船の上の戦いは難しいようやな」
義経「一朝一夕では無理やな」
渡辺「そやけど、義経殿の近江源氏は船の上でも平気みたいや」
義経「わしらは元々琵琶湖の湖賊や、船の上の戦いはお手のもんなんや。渡辺党には東国の武士たちを四国まで運んでもらうのをお願いする」
渡辺「わかった。何でも言うてくれ。嵯峨源氏の渡辺党を世に知らしめたるわ」

○中国道
　タイトル「中国道」

範頼の軍が行進している。

N「一の谷で敗れた平氏も徐々に力を回復してきた。頼朝は範頼に中国道を西に進み、九州を平定することを命じた。しかし、平氏は屋島から兵を派遣し、範頼の軍の背後を遮断し兵糧を断つ作戦に出た。これにより範頼軍は侵攻できなくなった。九郎は範頼軍に加勢すべく摂津渡辺津に駆けつけた」

○渡辺津

タイトル「渡辺津（現在の大阪市）」

軍船が何艘も繋がれている。

○同　軍議

九郎と義経、義兼、渡辺、土肥が瀬戸内海の地図を囲んでいる。

九郎「渡辺党に加わっていただけたのは百人力だ。義経殿かたじけない」

義経「平氏は海の戦いに長けている。上手に戦をせんと勝てへんで」

九郎「策はありますか？」

義経「本隊は渡辺党の船に東国の武士たちが乗り込んで屋島に向かってもらう」

九郎「讃岐までどれくらいかかりますか」
渡辺「これだけの数の船や。あまり天気もようないし、2日、ヘタしたら3日かかる」
九郎「そんなにかかりますか。我らはそうするとして義経殿は？」
義経「わしらは紀州から阿波に入る」
九郎「紀州から？」
義経「紀州からは阿波は近い。わしらは紀州まで陸を走って、そこから船で阿波にわたる。
そして阿波から陸路で讃岐まで駆けて屋島の裏に出る。平氏は渡辺津から源氏の大軍が来るのを待ち構えてるやろから後ろから攻めたらヤツらびっくりするやろ」
九郎「さすがに奇襲の義経殿。いやいや奇襲と紀州を掛けたわけじゃないですよ」
皆、大笑いする。

○渡辺津
多くの軍船が出航する。渡辺と九郎が先頭の船に乗り、行く手を見ている。
九郎「今日はよい天気になりました」
渡辺「昨日は嵐で出航できんかったからな」
九郎が急に嘔吐して船の外へゲエゲエと吐く。

渡辺「大丈夫でっか？　もう船酔いで？」
九郎「私は鞍馬生まれの奥州育ち。船に乗るのは初めてなんです」
渡辺「そうだしたんか。もう一人の義経はんは嵐の中先に行かはったみたいでっせ」
九郎「面目ない」
　九郎、またむかむかしてゲエゲエ吐く。

○瀬戸内海
　タイトル「その半日前　紀州灘」
　暴風雨の中、義経たちが5艘の船で進んでいる。
N「暴風雨の中、義経ら近江源氏は5艘の船で紀州から阿波にこぎ出した」
　義兼たちが必死で船をこいでいる。
義兼「兄者、琵琶湖とちごうて波が荒いわ」
義経「弱音吐くな。阿波までなんて、山本から瀬田までと変わらんわ」
近江源氏「義経様、大きな船が何艘か近づいてきます」
　数艘の大型船が近づいてくる。
熊野水軍「おおい。おまんら近江源氏か？　苦労しとるようやの。琵琶湖と紀州灘では波の高さが違うやろ」
義経「何者じゃおまえら？」
熊野水軍「わしらは熊野水軍じゃ。渡辺のジジイの頼みで源氏につくことになったんじゃ。
勝手知ったる紀州灘じゃ。わしらが先導したるわ」
義経「それはありがたいのう」
N「熊野水軍の先導で義経たちは4時間程度で阿波にわたることができた」

○阿波路
義経たちが走っている。
N「阿波に上陸すると義経たちは陸路、讃岐に向かって走った。途中、源氏に付く武士たちを吸収して徐々に人数が増えていった」
豪族と戦う近江源氏たち。
N「途中、平氏に与する豪族とも戦ったが難なくこれを打ち破った」

○屋島
タイトル「讃岐　屋島」

屋島がそびえたっている。

義経「あれが屋島か」

義兼「兄者、山本山を思い出しますね」

義経「今は島やけど、干潮時には地続きになるらしいで」

義兼「ほんまに？　干潮満潮って琵琶湖にはあらへんかったでな」

義経「地続きになった時に馬で攻めよう」

義兼「了解や」

潮が引き、屋島への道ができる。義経たちが騎馬で屋島に攻め入る。

のんびりと守っていた平氏の兵が一目散に逃げる。

平氏兵「源氏の兵が陸から来おったあ」

平氏の兵を次々と斬っていく近江源氏たち。ちりぢりになって逃げまどう平氏。船を出して逃げる平氏。

教経が現れ、源氏の兵を次々と斬っていく。

義経「どうした！」

義兼「教経や、また、あの大男が現れよった」

教経が馬に乗って義経らの方に向かってくる。

義経「やばい、退却や」
　源氏の兵が退却していく。
教経「皆の者、ヤツらは無勢じゃ。戦え！」
　一度船で避難した平氏たちが戻ってくる。
　平氏の軍が大きくなって源氏に迫ってくる。
義経「引け！」
　源氏が退却する。平氏が勢いをつけて追う。
義兼「あんなぎょうさんの兵だしてくるて、正面から九郎たちが迫ってるの気がついてないんやろか」
義経「そうかもしれん」
義兼「そろそろ着くころやろ」
義経「そやな」
　ニヤッとする義経。

○瀬戸内海
　渡辺党の大軍が押し寄せ、屋島の周りを囲んでいる。

○屋島
　宗盛が瀬戸内海を見ている。隣に安徳天皇がいる。
宗盛「何！　源氏の船だと！」
○讃岐
　教経が前線で指揮をとっている。平氏斥候が教経に駆け寄る。
平氏斥候「教経様、源氏は海から屋島に攻め入っています」
教経「何だと！　ヤツらの狙いはこれか！」
　平氏の兵が退却を始める。
　義経、これを見て。
義経「平氏が屋島に戻るぞ。わしらも平氏を追うんや」
　源氏が平氏を追う。
○屋島
　渡辺党の船が屋島に着き、源氏の兵が上陸している。源氏と平氏の兵が戦っている。
　源氏の兵が押している。

九郎「陸に上がれば我々は強い。平氏を打ちのめせ！」
退却を始める平氏。宗盛が安徳天皇を船に乗せて海に逃げて行く。

○瀬戸内海
義経、九郎、渡辺が先頭の船に乗っている。

N「屋島の戦いに勝利した義経たちは、逃げた宗盛を追って瀬戸内海を西走した。宗盛たち平氏は本拠地の彦島に戻るしかなかった」

○九州
タイトル「九州」
範頼軍が平氏の兵を討っている。

N「一方、範頼軍は兵糧と兵船の調達に成功して九州に渡り、同地の平氏方を葦屋浦の戦いで破り、平氏軍の背後の遮断に成功。平氏軍は彦島に孤立してしまった」

○瀬戸内海
義経、九郎、渡辺が先頭の船に乗っている。

義経「いよいよ、知盛との最終決戦やの。首洗って待ってろよ」
　源氏の船団は大きくなっている。
九郎「熊野水軍も伊予国の河野水軍も我々に加勢してくれています」
義経「そうか」
　義経、熊野水軍に手を振る。

○彦島

　タイトル「彦島」
　平氏の大船団。知盛が総大将として先頭の船で腕組している。
知盛「敵の大将は山本義経か。近江の山本山以来じゃの。今度も蹴散らしてくれるわ」

○瀬戸内海

　源氏の船から大量の矢が放たれ平氏の船に届く。平氏の兵が討たれ、海に投げ出される。平氏の数艘の船が陸に逃げようとする。陸には源氏の兵が待っている。
平氏兵「駄目です。陸では源氏の兵が待ち構えています」
知盛「海で戦うしかないの。関門海峡におびき寄せろ」

平氏兵「しかし、関門海峡は潮の流れの変化が激しいです」
知盛「それが狙いだ」
　不敵に笑う知盛。

○関門海峡
　潮の流れが激しい。平氏の船が入っていき、源氏の船が追う。源氏の兵は船が揺れて立てない。平氏の兵が源氏の船に乗り込み打ち倒す。
平氏兵「東国の田舎者が！　お前らが海で戦えるか！」
　次々に斬られる源氏兵たち。
　義兼が現れ、平氏の兵を斬る。
義兼「海の戦いが得意な源氏もおるんや！」
源氏兵「義兼様、潮の流れが変わりました」
義兼「よし、総攻撃や！」
　平氏の船が逃げ、源氏の船が追いかける。

○壇ノ浦

タイトル「壇ノ浦」
平氏の船の周りを源氏の兵が取り囲む。
船に知盛と宗盛、教経が立っている。
対面する船には義経が立っている。
義経「知盛、もう雌雄は決したぞ。大人しく安徳天皇と三種の神器を渡せ」
知盛「まだ、これからじゃ」
教経が海に飛び込む。源氏の船に上がってくる。
船には九郎が乗っていて教経が大太刀で斬りつける。九郎がヒラリと身をかわし、
別の船に飛んでいく。
九郎「これが八艘飛びじゃ」
義兼が船に来て教経と戦う。
義兼「教経、近江源氏どもの敵じゃ！」
義兼が教経を斬る。
教経「くそ、これまでか！」
教経は海に落ちていく。

×　×　×

義経は平氏の煌びやかな大型の船に乗り移る。戸を上げると大勢の女たちが乗っている。義経たちを見て悲鳴を上げる女たち。

知盛が別の戸を開けて入ってくる。

知盛「皆の者、このままでは東男たちに辱めを受けますぞ」

女たちは悲鳴を上げて海に飛び込む。建礼門院も海に飛び込む。

二位尼は死を決意して、幼い安徳天皇を抱き寄せ、宝剣を腰にさし、神璽を抱えた。

タイトル「二位尼」

安徳天皇「二位尼、どこへ行くのか」

二位尼「弥陀の浄土へ参りましょう。波の下にも都がございます」

二位尼、安徳天皇とともに海に身を投じた。

義経が知盛に駆け寄り、斬りつける。

義経「お前！　何ということを！」

知盛が逃げ、船首に立つ。

知盛「山本義経、よう戦った。山本山で殺しておくべきだったな。さらばじゃ」

知盛が海に身を投げる。義経、船から海を見る。海中に沈んでいく知盛。

×　×　×

九郎が宗盛に迫っている。

九郎「宗盛、投降せよ」

宗盛は海に身を投げる。しばらくして宗盛が海上に浮かんでくる。源氏の兵が宗盛を引き上げる。

×　×　×

義経のところに義兼が寄ってくる。
義兼「やっと平氏に勝てたな」
義経「ああ、やっと近江の仲間のかたきが取れた」

○瀬戸内海
渡辺党の船に九郎が乗っている。船底には宗盛が縛られている。
N「入水した建礼門院は助け上げられ、三種の神器のうち内侍所と神璽は回収された。しかし、宝剣は安徳天皇とともに海に没した」

○京
九朗たち源氏軍が凱旋する。輿に建礼門院が乗せられている。宗盛が縛られている。

N「九郎義経は建礼門院と守貞親王それに捕虜を連れて京に凱旋した。範頼は九州に残って戦後の仕置きを行うことになった」
九郎と土肥が並んで馬に乗っている。
土肥「義経殿は？」
九郎「義経殿は京に寄らず、近江の山本山に帰られた」
土肥「なぜ、京に残られないので」
九郎「平氏を倒して自分の役目は終わったと申されていた」

○山本山　付近
山本山が見えてくる。義経と義兼が馬に乗っている。百姓が義経たちに気がつく。
百姓「義経様！」
百姓は驚いて仲間たちに声をかける。
百姓「義経様がお帰りになったぞ！」
義経と義兼の馬の周りを大勢の百姓が取り囲み山本山に向かって歩んでいく。
義経「わしはこういう場面を待ち望んでいたんやな」
頷く義兼。

○九郎

　九郎の悲痛な表情。

N「京に凱旋した九郎義経に対して、後白河法皇は戦績を賞して九郎とその配下の御家人たちを任官させた。これを知った頼朝は激怒して、任官した者たちの東国への帰還を禁じた。その後、九郎と頼朝との対立が強まり、九郎は後白河法皇に奏上して頼朝追討の宣旨を出させて挙兵するが失敗。逆に追討の宣旨を出されて没落して奥州藤原氏の下へ逃れるが、平泉で殺された」

○山本山　全景

　琵琶湖を背景にそびえる山本山。

N「山本義経のその後についてはわかっていない」

（終）

梅本　博史（うめもと　ひろふみ）

1958年　長浜市生まれ
　　　　長浜幼稚園・長浜小学校・長浜西中学校・虎姫高校卒業
1976年　早稲田大学政治経済学部　政治学科入学
1980年　カネボウ化粧品入社
1995年　テクモ株式会社（ゲーム会社：現コーエーテクモ）入社
1996年　セシール株式会社（通販会社）入社
2000年　中小企業診断士資格を取得して独立
　　　　会社設立（コンサルタント、化粧品会社、美容学校など）

【著書】
『化粧品業界の動向とカラクリがよ〜くわかる本（１〜５版）』『なる本ビューティアドバイザー』他

長浜市創生論

2021年 5 月31日　初版第 1 刷発行

著　　者　梅本博史
発 行 者　中田典昭
発 行 所　東京図書出版
発行発売　株式会社 リフレ出版
〒113-0021　東京都文京区本駒込 3-10-4
電話 (03)3823-9171　FAX 0120-41-8080

印　　刷　株式会社 ブレイン

ISBN978-4-86641-413-3 C0095
Printed in Japan 2021